Linea Funke

Plitsch, platsch – Wasser marsch!

Ausflüge an Flüssen und Seen in Oberbayern

J. BERG

INHALTSVERZEICHNIS

Alle Wasser-Abenteuer auf einen Blick

WASSER
MARSCH!

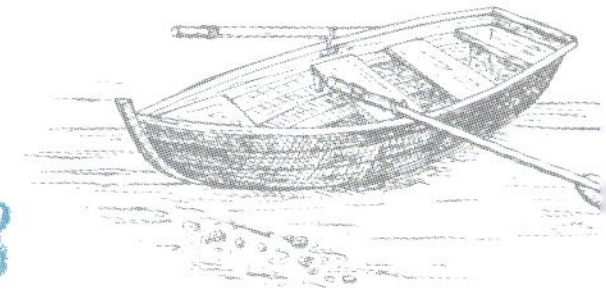

INHALTSVERZEICHNIS

Unsere Biber-Bande stellt sich vor...

BRUDER BEPPI ist biberstark. Er kennt jeden Weg genau, denn er ist piratenschlau.

Ich liebe Eis am Stiel und finde sicher *jedes* Ziel! Krahh...ha!
Piraten-Papagei PIO

LAUSBUB LEUTNANT LEVI klettert mit viel Geschick, denn er hat gern den Überblick.

GROSSMUTTER FRIDA ist gern an Land, denn sie liebt den warmen Sand.

Ich sitz gern in Beppis Hut – dort gefällt es mir besonders gut
Schiffsmaus Lino

Wenn Rätsel dich plagen, nicht verzagen – einfach mal GROSSVATER PINO fragen.

GERTI GUTE-NUDEL, wie man weiß, kennt sich aus mit Nudeln und Eis.

HANO HOLZBEIN – der Bibervater – ist stets der beste Spielberater.

PLITSCH, PLATSCH – WASSER MARSCH …

Die Formel zum FAMILIENGLÜCK

Die Formel für GLÜCKLICHE KINDER

Sand

+ Wasser

+ Abenteuer

=

Glücklich ausgelastete Kinder

Lachende Kinder, entspannte Eltern, die Natur mit allen Sinnen genießen.

Am Ende eines ereignisreichen Tages zufrieden und erfüllt sagen zu können: Ich habe heute mal wieder richtig gelebt.

Das ist das Ziel dieses Buches.

Für die ganze Familie
Dies ist KEIN BUCH!
Dies ist eine SCHATZKARTE!

Ja, ihr habt richtig gelesen. Hiermit haltet ihr **die wahre Schatzkarte der Piraten-Biber-Bande** in den Händen, die über viele Jahrzehnte geheimgehalten wurde. Sie enthält viele kleine und große Abenteuer, bei denen bestimmt jedes Familienmitglied etwas findet, das ihm Freude und unvergessliche Erinnerungen schenkt.

Lest eurer Familie doch einfach die Bibergeschichte des heutigen Ausflugs zum Frühstück vor, dann klappt das Zähneputzen und Schuhe anziehen bei der Aussicht auf ein neues Abenteuer vielleicht noch schneller als sonst.

Anfahrt

Wahre Schätze sind meist gut versteckt, doch mit unserer Anfahrtsbeschreibung, der Adresse für euer Navi und der Tourenbeschreibung seid ihr stets gut gerüstet, um die schönsten Flecken Oberbayerns zu erobern.

Anforderung

Die Auswahl der Touren dieses Buches ist auf die Bedürfnisse und Vorlieben der jüngsten Familienmitglieder zugeschnitten. Wanderknirpse im Alter von 18 Monaten bis 10 Jahren verwandeln sich bei diesen Touren schon nach wenigen Metern in wilde Süßwasserpiraten, verträumte Waldelfen und mutige Forscher.

Ausflugsdauer

Die Wegstrecken sind mit einer reinen Erwachsenen-Gehzeit von circa fünf Minuten bis eineinhalb Stunden so gewählt, dass diese sowohl von Kleinkindern als auch Großeltern sehr gut zu bewältigen sind. Unser Hauptaugenmerk bei der Tourenauswahl liegt darauf, die Natur mit allen Sinnen zu erfahren, sich abseits der großen Wanderwege auf kleine »Kinderabenteuer« einzulassen, in Ruhe zu picknicken und das Leben zu genießen.

Alle Ausflüge sind auf eine durchschnittliche »Kindererlebniszeitspanne« (für Wegstrecke, Spielzonen, Planschzeit, Brotzeit,

Gelassenheit ist der Schlüssel zum Glück.

Fotoshootings etc.) von ca. drei bis vier Stunden* ausgelegt. Die Kindererlebniszeit kann je nach Alter, Ausdauer und Aufmerksamkeitsspanne der Kinder selbst bestimmt werden, indem ihr den kleinen Strolchen mehr oder weniger Zeit auf den einzelnen Spielzonen einräumt. Für Ausdauernde findet ihr oft noch einen Extratipp, um den Tagesausflug zu verlängern.

Jahreszeiten

Nachdem Kindern *immer* der Sinn nach einem neuen Abenteuer steht, haben wir euch eine Vielzahl an Möglichkeiten zusammengestellt, damit ihr zu jeder Jahreszeit und Wetterlage den optimalen Ausflug findet, der euren Bedürfnissen entspricht.

Bitte bedenkt bei eurer Planung, dass die Wetterbedingungen am Ausflugsort gegebenenfalls andere sein können als bei euch vor der Haustüre. Es empfiehlt sich daher vor Abfahrt noch mal im Internet die Wetterlage am Ausflugsziel zu checken, eine Jacke zusätzlich einzupacken, die Sonnencreme mit an Bord zu haben und im Web zu prüfen, ob das Ausflugsziel zu dieser Jahreszeit geöffnet hat.

Kinderwagen, Kraxe oder Laufrad

Alle Touren sind mit Kraxe (Tragehilfe) sehr gut zu bewältigen, die meisten auch mit Laufrad und *geländegängigem* Kinderwagen.

**persönlicher Erfahrungswert für eine perfekte Tagesausflugsdauer; alle Touren getestet mit unseren eigenen Kindern: zwei Jungs im Alter von 1,5 bis 10 Jahren*

Sicherheit im und am Wasser – dieses Kapitel rettet Kinderleben!

Es ist stets Faszination und Gefahr, Lebensquell und Todesfalle zugleich. Besonders für kleinere Kinder, die noch nicht oder nur schlecht schwimmen können, bedeutet Wasser nicht nur reines Vergnügen, sondern viel zu oft eine echte Gefahr.

Obgleich alle Abenteuertouren in diesem Buch mit kleinen Kindern getestet wurden, so müssen sich die Aufsichtspersonen stets der Gefahren von Wasser bewusst sein. Kinder egal welchen Alters dürfen in der Nähe von Wasser *niemals* aus den Augen gelassen werden. Eine aktive Aufsicht ist bei allen hier vorgeschlagenen Ausflügen unabdingbar. Nicht selten verunglücken Kinder auch, weil sie ihre Kräfte, ihr Können, ihre Fähigkeiten falsch einschätzen oder versehentlich abrutschen. Dann ist eine schnelle Rettung nötig!

> Perfekte Ausflugsgestaltung schafft puren Genuss, doch Wachsamkeit bleibt dennoch ein Muss …

Daher spielt aktiv mit eurem Kind. Erlebt die Faszination Wasser als Team. Geht gemeinsam zum Wasserspielbereich, genießt die Augenblicke des Glücks zusammen und verlasst den »Gefahrenbereich« auch wieder gemeinschaftlich. Euer Kind freut sich sicherlich über das gemeinsame Spiel und wird euch mit vielen neuen Ideen inspirieren. Das können unvergesslich schöne Erinnerungen werden, die euch und eurem Kind noch lange im Gedächtnis bleiben.

Wasser – unser Lebenselixier – glitzernd und plätschernd

Sicherer Spaß im erfrischenden Nass!

- **Immer und ausnahmslos gilt: Auge des Erwachsenen, sei wachsam!** Lasst eure Kinder an Uferzonen, im und am Wasser nie aus den Augen! Auch nicht an Wasserspielplätzen! Selbst seichtes Wasser birgt große Gefahren. Lasst euer Kind ***nur in knöcheltiefem Wasser*** spielen.

- Begleitet euer Kind stets im und ans Wasser. Spielt aktiv mit ihm. Habt ihr die Aufsicht für mehrere Kinder, so macht feste Wasserspielzeiten aus, in denen ihr dem Drang der Kinder nach Erfrischung einen geregelten Rahmen gebt. Setzt klare Grenzen. Achtet beim Verlassen darauf, dass alle Kinder dem Wasser fernbleiben, indem ihr die Aufmerksamkeit auf ein anderes Spiel (z. B. Sandkasten) legt, oder setzt eure Tour abseits der Gefahrenstelle fort.

- Achtet darauf, dass das Kind niemals aus Gewässern, Brunnen oder Seen trinkt. Macht dem Kind klar, dass ihr immer Trinkwasser von zu Hause mitnehmt, um den Durst zu stillen. Wasser ist nicht gleich Wasser – das ist Kindern nicht bewusst.

- Achtung: Spielzeug! Aufblasbare Tiere machen beim Baden Spaß, bieten aber im Ernstfall keinerlei Sicherheit. Ist euer Kind in Wassernähe oder beim Baden, bieten nur TÜV-geprüfte Schwimmwesten ausreichend Schutz vor dem Ertrinken. Die aktive Begleitung durch einen Erwachsenen ist aber dennoch Pflicht.

- Legt eurem Kind nur mit CE-Zeichen versehene Schwimmhilfen an! Oberarmschwimmflügel müssen dabei mehrere voneinander getrennte (aufblasbare) Luftkammern/Styroporkörper vorweisen. Bei aufblasbaren Schwimmflügeln ist zusätzlich auf ein Sicherheitsventil zu achten.

- Führt stets ein Handy mit euch und speichert euch die Notrufnummern ein.

- Frischt eure Kenntnisse in einem Erste-Hilfe-Kurs auf! Im Notfall zählt jede Sekunde!

- Bringt eurem Kind so früh wie möglich das richtige Verhalten am Wasser und das Schwimmen bei. Klärt es altersgerecht über die Gefahren im und am Wasser auf!

Nur wenn dein Kind sicher ist, bist du entspannt!

- Überprüft genau, ob die Gewässer (Bach, Fluss, See etc.) an dieser Stelle für die Unternehmung geeignet sind. Seen können im Sommer kippen, Wasserspielplätze und Bäche verunreinigt sein, gefährliche Strömungen enthalten oder das Gewässer könnte durch Regeneintrag mehr Wasser führen als gewöhnlich.

Achtet auch im seichten Wasser auf die Handlungen eurer Schätze!

Sicherheit an Land – dieses Kapitel rettet Kinderleben!

Für Kinder jeder Altersstufe ist es wichtig ihre körperlichen Fähigkeiten selbst zu entdecken, eigene Grenzen zu erfahren und neue Fertigkeiten zu entwickeln. In heutiger Zeit sind Spielplätze und Erlebnis-Stationen auf Ausflugstouren oft die einzigen Orte, an denen sich der Nachwuchs seinem Alter und Bewegungsdrang entsprechend austoben kann.

- Ermutigt euer Kind neue Erfahrung zu machen und gebt ihm behutsam Hilfestellung, bis es ausreichend mit den Spiel- und Klettergeräten vertraut ist. Mit der Zeit wird es immer mehr allein schaffen.
- Respektiert die eigenen Grenzen des Kindes!
- Wenn euer Sohn oder eure Tochter bereits alt genug ist und – in euren Augen – vielleicht waghalsig wird, lasst das Kind seine eigenen Erfahrungen machen, solange die Risiken kalkulierbar bleiben.
- Scheut euch nicht Aktionen, die eine ernsthafte Gefahr für Leib und Leben darstellen, abzubrechen. Seid dabei liebevoll und klar in eurer Wortwahl.

Ich und du … gemeinsam spielen

Macht euer Kind von klein auf mit einigen grundsätzlichen Regeln vertraut. Dann lassen sich viele kritische Situationen im Voraus entschärfen.

Wachsen – lernen – reifen … durch vielfältige Erfahrungen

- Sei fair, hilfsbereit und freundlich.
- Achte auch auf die anderen Kinder.
- Weder Schubsen noch Drängeln – manche Kinder brauchen einfach mehr Zeit.
- Achte auf dich und deinen Weg – halte den Fokus auf deinen Aktionen.
- Vorsicht mit den Augen beim Umgang mit Steinen, Stielen und Stöcken.
- Wirf nie mit Gegenständen (Steinen, Stöcken, Sand etc.). Das könnte andere verletzen.

Regelmäßige Pausen tun immer gut.

Genießt den Tag in vollen Zügen, denn die Abenteuer von heute sind die Erinnerungen von MORGEN.

Sicher spielen und toll toben

Darauf solltet ihr daher grundsätzlich immer achten:

- Achtet darauf, dass euer Kind nicht an Gegenständen hängen bleiben und sich strangulieren kann. Nehmt ihm daher vor Spielbeginn Ketten, Schal und Fahrradhelm ab. Entfernt Kordeln und Bänder aus der Kleidung des Nachwuchses.
- Mit Essen, Trinken, Schnuller, Bonbons oder Ähnlichem darf nicht herumgetobt werden, da bei einem Sturz oder Zusammenstoß gefährliche Verletzungen die Folge sein können.
- Kinder unter drei Jahren können auf Spielstätten jeder Art – auch Naturspielstätten – nur unter Aufsicht und mit Hilfe der Aufsichtsperson sicher spielen.

Wann ist ein Spielplatz sicher?

Überprüft stets selbst mit einem kritischen Blick, die Spielstätte auf eventuelle Mängel und Gefahren, bevor ihr euer Kind dort spielen lasst. In Waldstücken und im Gebüsch, wo oft »wilde Spielstätten« (Holztipis, Balancierbalken etc.) entstehen, ist besondere Vorsicht seitens der Aufsichtspersonen geboten.

Dinge selbst zu entdecken und zu erforschen, stärkt das Selbstvertrauen.

Risikowarnung und Haftungsausschluss

Alle in diesem Buch vorgeschlagenen Abenteuertouren wurden ausgiebig mit unseren eigenen Kindern getestet, dennoch müssen wir darauf hinweisen, dass alle Ausflüge auf Spielplätzen, am Wasser, auf dem Berg und in der Natur stets mit einem gewissen Risiko verbunden sind. Es obliegt daher ***immer*** der Aufsichtsperson zu prüfen, ob das Kind die benötigte Kraft und die Situation, je nach Ausflug, bereits richtig einschätzen kann.

Lassen Sie Ihr Kind nie unbeobachtet, spielen Sie aktiv mit ihm und unterstützen Sie es, wo es Hilfe benötigt. Wägen Sie Gefahrensituationen ab. Prüfen Sie Wege und Spielgeräte vor Benutzung. Das Risiko und die Haftung für Personen- und Sachschäden jeder Art obliegt *stets und ausschließlich* der Aufsichtsperson.

Du musst nicht perfekt sein, um glücklich zu werden.

GENIESSE DEN AUGENBLICK

Plitsch, platsch – Wasser marsch!

ABENTEUER

1

Der Fluss des unendlichen Rauschens

Sengend heiß glühte die Sonne über den Dächern Münchens, als ein sachtes Knacken im Wald zu hören war. Auf leisen Sohlen schlich sich die Biber-Bande vorbei an Karla, der Kräuterhexe. Kein ganz einfaches Unterfangen. Schließlich hatte sie erst letzte Woche Bruno, den Bären, mit einem Schlafzauber belegt. Der steht seitdem bei Wind und Wetter, bei Regen, Sonne und Gewitter, draußen vor den hölzernen Toren der Trollburg und schläft. Sein Fell wurde durch den Zauber ganz glatt und sein Körper fest wie Stein. Wir alle hoffen, der Zauber wird bald vorüber sein.

»Was tun wir, wenn die Hexe uns erwischt?«, flüsterte Schiffsmaus Lino Biber Gerti aufgeregt ins Ohr. »Mach dir keine Sorgen. Darauf bin ich vorbereitet«, sprach die Schiffsköchin Gerti Gute-Nudel grinsend. Sie wusste viel über magische Wesen und deren Zaubertiere. Triumphierend streckte sie Lino eine gelbe Rübe unter die Nase – so sagen Hexen zu Karotten. »Ein Bissen davon und kein Zauber kann dir für die nächsten Stunden etwas anhaben. Es ist immer von Vorteil, gut vorbereitet zu sein!«

So wanderte die Karotte von einem zum anderen. Jeder knabberte genüsslich einen kräftigen Happen davon ab, kaute sorgfältig und schluckte ihn rasch hinunter.

Piraten, ahoi! Der Wassergraben hält uns nicht auf ...

Nun konnte das Abenteuer erst so richtig beginnen ... Gut gerüstet gegen jeden Zauber und bester Laune zog die Biber-Bande los. Biber Beppi sauste, mit seinem roten Eimer in der einen Hand und mit einem weißen Sieb bewaffnet in der anderen Hand, flink voraus. Er war auf der Suche nach dem

Auf zum Wasserschloss!

Kommt ihr Klettermeister, erstürmen wir den Felsen!

Fluss des unendlichen Rauschens und kämpfte sich durch den Blätter- und Bambuswald beim Heilkraftbaum. Seine Füße tippelten flink über den hellen Sand bei den Schaukeln und seine Ohren lauschten gegen den warmen Sommerwind.

Ha... haaa... – genau – ja, da! Dort musste es sein ...

Er hörte das stete Plätschern in der Ferne. Doch das Flussbett zu seinen Füßen war wie ausgetrocknet! Dagegen müsste er schleunigst etwas unternehmen. Ein Biber-Pirat, eine Tat! Schnell holte er Leutnant Levi und begab sich mit ihm auf den Weg flussaufwärts. Schon bald sahen sie das Problem. Ein grummeliger Troll hatte mal wieder mit all seiner Kraft einen Holzstumpen in den Durchlauf am unteren Ende des Überwegs gesteckt. Das Wasser floss bereits oben über die Brücke der Waldwichtel.

»So ein Mist aber auch«, motzte Levi und zog so fest er konnte an der Kette, die an dem Holzpfropfen festgemacht war. »Der steckt richtig fest!«

Kurze Zeit später war die ganze Meute versammelt. Mit vereinten Kräften wurde gezogen, geschoben und gewackelt. Und siehe da, es war geschafft. Das Wasser floss wieder seinen unendlichen Lauf in Richtung Wasserschloss.

Wollt ihr mit auf verschlungenen Pfaden durch das Unterholz streifen und über wackelige Hängebrücken das Wasserschloss stürmen? Dann ... aus der Bahn, ihr Ungeheuer, jetzt geht's los ins Abenteuer! »

Karla, die Kräuterhexe

DER FLUSS DES UNENDLICHEN RAUSCHENS

1

Ein Wasserspielplatz für Entdecker, Klettermeister und Wasserelfen

Im Abenteuer 1 schleicht ihr vorbei an der Münchner Kräuterhexe auf ihrem Besen und pirscht auf verschlungenen Pfaden durch den Wald. Auf große Wassermeister wartet der Fluss des unendlichen Rauschens, der das Wasserschloss vor der Macht der Trolle beschützt.

Der Wasserspielplatz im Westpark zählt aufgrund seiner zentralen Lage im Stadtteil Sendling und der fantasievollen Gestaltung zu den Top-Freizeitbeschäftigungen für Kinder. Die Spielstätte ist weitläufig angelegt, sodass genügend Sonnenflächen vorhanden sind, damit nasse Badenixen und Meerjungmänner im Sommer nicht frieren müssen. In den Randbereichen spenden der Spielwald und große Baumkronen Schatten. In den Sommermonaten plätschert unaufhörlich frisches Quellwasser in den künstlich angelegten Bachlauf mit vielen Spiel- und Wasserstaumöglichkeiten, der im kreisrunden Wassergraben um die Spielburg endet. Jeden Dienstagvormittag wird während der warmen Jahreszeit das Wasser ausgelassen und die Anlage bis ca. 15 Uhr gereinigt. In den kühleren Monaten ist der Spielplatz trocken angelegt und kann als Kletter- und Tobe-Spielstätte genutzt werden. Hierfür stehen neben diversen Klettergeräten auch ein Spielwald sowie die typischen Spielgräte wie Rutsche, Karussell und Schaukeln zur Verfügung.

Im Zentrum der Anlage befindet sich ein Wasserschloss, das von den Kindern sowohl über den Landweg per Hängebrücken als auch zu Fuß durch den Wassergraben erreicht werden kann. Angrenzend an die Hauptwasserspielanlage befindet sich ein künstlicher Bachlauf, der nach Belieben gestaut, geflutet oder entleert werden kann. Der zentrale Kletterturm ist aufgrund der Abstände der Sprossen eher für größere Kinder gedacht.

Zieh den Stöpsel – Wasser marsch!

Eltern-Tipp

Badeschuhe mit Gummisohle anziehen!

Für Kleinkinder existiert eine separate kleinere Kletteranlage mit Rutsche und Hexenwippe sowie einem kleinen Spielhaus auf dem Gelände. Direkt am Wasserspielplatz gibt es einen Kiosk mit Bierbänken und Toiletten.

Dieser Wasserspielplatz in einer der schönsten Oasen Münchens ist ein wahres Juwel für alle Wasserspielfreudigen!

EXTRA-TIPP
Um den Mollsee

Wer zum Abschluss etwas Abwechslung und einen Spaziergang bevorzugt, dem sei eine Tour um den Mollsee im Westpark empfohlen. Hier findet ihr, in direkter Nähe zum Wasserspielplatz, viele versteckte Plätze zum Ausruhen und Entspannen, ein Feuchtbiotop, schöne Wege zum Radfahren und Kinderwagenschieben sowie weitere Spielanlagen.

Für alle sportaffinen Besucher ist sogar eine runde Tischtennisplatte auf dem Weg zum See angelegt, auf der vier Parteien ins Turnier starten können. Wer sich zur Stärkung bei der Umrundung des Mollsees gerne das ein oder andere Schmankerl schmecken lassen will, der ist im Café »Gans am Wasser« ein gern gesehener Gast. Der Westpark mit seinen weitläufigen Grünflächen zählt zu den beliebtesten Ausflugsorten der Münchner. Nun aber los, ihr Forscher und Entdecker – macht euch auf den Weg.

0,5 km | flach | 8 Min.

Alles auf einen Blick

Tourencharakter
Wasserspielplatz, flache Tour, sonnig mit Schatten. **Extratipp:** Rundtour um den Mollsee sonnig mit Schatten, Strecke 1,7 km, Dauer 25 Min.

Ausgangs-/Endpunkt
Wasserspielplatz im Westpark
Heiterwanger Straße 38
81373 München
GPS: 48.122901, 11.527864

Anfahrt
Zugang zum Westpark über Heiterwanger Straße/Ecke Rattenberger Straße (neben Ärztehaus am Westpark, Heiterwanger Straße 38). Nach Eintritt in den Park dem Fußweg nach rechts folgen bis nach ca. 500 m der Wasserspielplatz rechts vorzufinden ist. **Auto:** Freie Parkplätze im Wohngebiet sind selten. Besser Bus/Bahn nutzen. **Bus/Bahn:** Von der U-Bahnhaltestelle Partnachplatz (U6) sind es ca. 900 m bis zum Ausgangspunkt.

Öffnungszeiten
Ganzjährig geöffnet; Wasserspielbetrieb am Wasserfelsen von Ende Mai bis Anfang Oktober; dienstagvormittags wird das Wasser ausgelassen!

Beste Zeit
Juni bis August

Einkehr
Kiosk am Wasserspielplatz, Biergarten und Café (Nordseite des Mollsees)

Ausrüstung
Badeschuhe, Badesachen, Ersatzkleidung, Wasserspielzeug

Information
muenchen.de
(Suchbegriff: Wasserspielplatz Westpark)

ABENTEUER

2

An der Biberburg

Noch ein Holz
und hier ein Stamm.
Ja, Biber schleppt die Hölzer ran –
ein jeder packt mit aaaa…n!
Kommt, ihr Biber, hier mal her
stapelt alles kreuz und quer.
Ach, wie ist das feiii…n,
die Burg wird schon bald fertig seiii…n!

… So sang die Biber-Bande aus voller Kehle. Die Burg wuchs und wuchs und wurde immer größer. Ein Holzstamm wurde über den nächsten gelegt. Hier noch schnell ein Pfosten eingezogen. Dort drüben wurden Seile verspannt. Ein Geschleppe, ein Gewusel, ein Gehämmer und Gerenne – das könnt ihr euch kaum vorstellen! Wie in einem riesigen Ameisenhaufen.

Biber Beppi war bester Laune. Heute war der Tag auf den er soooo… lange gewartet hatte. Die Biberburg bekam den letzten Schliff. Hano Holzbein überprüfte die Seile von Leutnant Levis Ruhenest. Großvater Pino knüpfte mit Schiffsmaus Lino das Seil für den Jungbiber-Kletter-Tunnel. Papagei Pio überwachte den Fortschritt an der Jungbiber-Wasser-Marsch-Matsch-Prüfungsanlage und Biber Beppi hatte sich den besten Job von allen ausgesucht – aber das habt ihr euch ja sicherlich schon gedacht: ER überprüfte die silberne Röhrenrutsche, die am obersten Ende der gigantischen Biberburg befestigt war …

… auf Sicherheit,
… auf Rutschschnelligkeit,
… auf Dunkelheit,
… auf Regensicherheit und
… auf Spaß!

Plitsch, platsch … Matsch!

Ja, um ehrlich zu sein, machte es ihm so einen riesigen Spaß, dass er gar nicht mehr aufhören wollte immer neue Wege nach oben zu »testen« und die Rutsche auf tausend verschiedene Arten zu überprüfen.

Eigentlich war sein Auftrag EINMAL hinunterzurutschen, um zu sehen, ob alles passte. Aber mit Sicherheit hatte Opa Pino doch bestimmt sagen wollen: Teste die Rutsche auf alle nur denkbaren Arten, oder was meint ihr? Na ja, solange noch alle beschäftigt waren, rannte er schnell wieder hoch – nicht, dass Großvater Pino noch merkte, wie er sich vor dem Bäumeabnagen drückte!

Da kam auch schon Papagei Pio zurück zur Biberburg: »Wasser, marsch! Alle Biber zu den großen Wasserbergen. Wir feiern die Wassertaufe der neuen Jungbiber-Prüfungsanlage! Kommt alle mit … das wird ein Riesenspaß.«

Da waren plötzlich alle Biber Feuer und Flamme. Das »ERSTE WASSER«, so nannten die Biber den ersten Tag in einem neuen Wasserrevier, war doch immer aufregend, spannend und unbeschreiblich … schöööööön! Schnell sausten sie um die Wette.

Biber Beppi rutschte so schnell, wie er noch nie gerutscht war, die fast fünf Meter lange Rutsche hinunter und eilte den anderen hinterher. Lino kam als Erster an, aber gut – er hatte auch geschummelt! Er war auf Papagei Pios Rücken mitgeflogen. Direkt darauf folgte Leutnant Levi, der sich sofort an eine der Wasserspritzen stellte, um die Biber-Bande mit einem kräftigen Schuss klarem Wasser zu begrüßen.

Es dauerte nicht lange, da war die ganze Biber-Großfamilie vor Ort. Oma Frida genoss ein Mittagsschläfchen auf der Wiese im Schatten der Bäume. Großvater Pino programmierte die Regendusche, damit diese von allein an- und ausging. Niemand war so geschickt wie Großvater Pino – das muss einfach mal gesagt werden. Hano Holzbein lieferte sich mit seinem Cousin Marti Morgentau eine heiße Wasserschlacht. Martis Kinder hingegen nutzten das viele Wasser, um ordentlich darin herumzumatschen und das Wasser mit großen Sandwänden zu stauen. Ach, war das ein Spaß! Und Gerti Gute-Nudel, wollt ihr wissen?! Ja, die ließ sich in einer der Hängematten die Sonne auf den Pelz scheinen.

Wollt ihr auch mal kreuz und quer durchs Biber-Hauptquartier klettern? Dann … aus der Bahn, ihr Ungeheuer, jetzt geht's los ins Abenteuer! »

AN DER BIBERBURG

2

Eine Wasserspieltour für große Kletterkünstler und nasse Pfoten

Im **Abenteuer 2** besucht ihr das Biberhauptquartier – na klar, in der Landeshauptstadt! Regieren kann man ja nicht von der Provinz aus. Dort angekommen, seid ihr eingeladen die Biberburg zu erkunden und die nassen Berge der Jungbiber-Prüfungsanlage zu erklimmen. Denn schließlich muss man mit allen Wassern gewaschen sein, um hinaus in die Welt ziehen zu können.

Die Wasserspieltour im Prinz-Eugen-Park ist wahrlich eines Königs würdig. Nach jahrelanger Planung und unter Einbindung der kreativen Ideen der Bürger haben sich die Planer der Stadt, die Landschaftsarchitekten von »Terra Nova« und »Club 94«* zusammen eine ästhetisch schöne wie zugleich generationenübergreifende öffentliche Grünanlage geschaffen, die keine Wünsche offenlässt.

Im Zentrum Bogenhausens entstand auf dieses Weise eine abenteuerliche Wasserspieltour unter dem Motto »alles im Fluss«, welche die Herzen aller Kinder (egal welchen Alters) höher schlagen lässt.

Auf der einen Seite der großzügig angelegten Grünanlage befindet sich der Wasserspielbereich »Wasserfelsen«, der aber auch im trockenen Zustand wahrlich ein Idyll für alle Kletterkönige und Sand-Burgen-Erbauer ist.

In den Sommermonaten jedoch wird dieser Spielplatz zu einem Paradies für Kinder aller Altersstufen – selbst als Eltern fällt es einem schwer nicht sofort zu den Wasserspritzkanonen zu laufen, um sich mit seinen eigenen Kindern eine Wasserschlacht zu liefern. Die unterschiedlich hohen Spielhügel verlangen gute Kletterkünste und ein wenig Geschick, den einfachsten Weg herauszufinden, die große Wasserpumpe auf der Spitze der großen Anhöhe in Gang zu bringen. Wer sich dieser Aufgabe nicht gewachsen fühlt, den lockt bereits der drei Meter hohe »Regenmacher«, der sich automatisch alle paar Minuten anschaltet und alle Kinder duscht, die darunter stehen …

Mein Tipp

Packt unbedingt eine Badehose und Sandspielzeug ein! Unterirdische Tunnel graben, tiefe Löcher baggern und Sand mit dem Laster ankarren, macht hier einen Riesenspaß!«

Nach kurzer Zeit hat sich in seiner Nähe eine tolle Matsch-Landschaft gebildet, in der man herrliche Staudämme aufschütten kann und die dazu verlockt, zauberhafte Sandburgen zu kreieren.
Um allen Altersstufen gerecht zu werden, besteht der Wasserspielplatz aus einem großen »Action-Bereich« und einem Kleinkinderspielbereich mit eigener Wasserspeisung. Angrenzend an dieses Spielparadies wurde der alte Baumbestand erhalten, um im Sommer den Familien ausreichend Schattenfläche zu bieten.

Auf der anderen Seite des Parkareals befindet sich der ca. fünf Meter (ja, ihr habt richtig gelesen, FÜNF METER – mir wurde ganz anders, als ich mein Kind da oben klettern sah!) hohe Kletterspielplatz Biberburg. Dieser unterteilt sich in verschiedene Schwierigkeitsstufen, die je nach Alter, Können und Geschicklichkeit bespielt werden können. Diese Spielstätte ist ausgelegt für Kinder im Alter von 6 bis 14 Jahren. Jede Stange, jeder Stamm ist unterschiedlich hoch und wurde verwinkelt in dem Spielgerät verbaut, damit die Kinder »ungewohnte

EXTRA-TIPP 1

Vom Spinnenspielplatz zur Wildschweinherde (Nordtour)

Sind die jungen Süßwasserpiraten noch voller Abenteuerlust, dann macht euch doch auf den Weg und erkundet die Nordtour. Hierfür folgt ihr dem breiten Grünstreifen, der mittig im Prinz-Eugen-Park die Wohnblöcke auf Abstand hält. An dessen Ende quert ihr die Ruth-Drexel-Straße leicht nach links. An den gerundeten Grünflächen trefft ihr bereits auf den ersten Spielplatz. Ihr folgt dem langen Innenhof bis ans Ende. Dort nehmt ihr den Weg links um das Gebäude im Norden. Direkt auf der Rückseite kommt ihr zum Spinnenspielplatz. Wenn ihr dort dem Salzenderweg nach rechts folgt, seht ihr schon bald die Wildschweinherde auf der darauffolgenden Spielanlage zu eurer Rechten. Wer mag, kann hier noch einen kleinen Abstecher nach links zum letzten Spielplatz im Park machen oder sich hinter den Wohngebäuden nach rechts wenden, um direkt den Rückweg anzutreten. Wenn ihr nach zwei Wohnanlagen rechts auf ein Mini-Wäldchen trefft, dann seid ihr genau richtig. Direkt dahinter befindet sich die Biberburg der Prinz-Eugen-Park-Anlage. Ihr habt euer Ziel erreicht.

Startpunkt: östlich vom Spielplatz Wasserfelsen (A1)
Spielplätze: Grünanlage Salzenderweg
Endpunkt: an der Biberburg (E1)

1–7

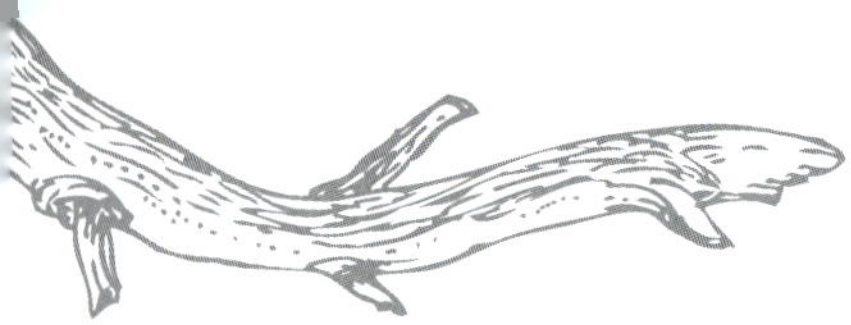

Bewegungsabläufe trainieren können«, so Wolfgang Mesenich, Abteilung Gartenbau im Baureferat. Der Spielplatz soll die Orientierung im Raum ebenso fördern wie die Koordination und den gleichmäßigen Muskelaufbau. Kurz gesagt: ein Fitnessstudio für Kinder, das endlich mal so richtig Spaß macht!

Wer sich in den benachbarten Wohnanlagen auf Entdeckertour begibt, der wird bestimmt schnell mit dem ein oder anderen Spielplatz belohnt.

Beide Spielbereiche sind von breiten Wegen umgeben. Auf denen lässt sich herrlich ein Wettrennen zwischen dem Laufrad-Renner und dem Kettcar-König austragen. Auch für Kinderwagen ist dieser Weg optimal vorbereitet. Damit die Wege zwischen den beiden Stationen nicht zu langweilig werden, wurden mehrere Riesenschaukeln aufgebaut. Doch auch an ausreichend Bänke wurde gedacht. Mittig in der Grünanlage wurden große Freiflächen zum Boule- und Frisbeespielen vorgesehen. In diesem Mehrgenerationenpark bleiben keine Wünsche mehr offen.

Kurz gesagt: Ein perfekter Ort zum Klettern, Toben und Matschen!

EXTRA-TIPP 2
Fun – for – Teens (Südtour)

Wenn die großen Kinder jetzt noch voller Energie und Neugier stecken, lockt die Südtour mit spannenden Stationen. Diese beginnt hinter dem kleinen Wäldchen an der Biberburg. Folgt den Stufen nach unten, dann kommt ihr auf einen breiten Weg. Hier biegt ihr rechts ab und kommt bereits nach wenigen Minuten in das nächste Parkareal, den Tannhäuserpark. Ihr folgt dem Weg bis zum Ende. Dort biegt ihr rechts ab in Richtung Spielplatz. Nach einer kurzen Spielpause folgt ihr dem Weg weiter in Richtung Westen. Die nächste Abbiegung nach rechts führt euch zum Parkourpark Bogenhausen. Dieser lockt nicht nur mit spannenden Hindernissen, sondern hat auch eine extra Rennstrecke für ferngesteuerte Autos auf dem angrenzenden Fußgängerweg. Folgt ihr der Rennstrecke, so kommt ihr an den grünen Kletterfelsen, der Fußball-Arena und den Basketballplätzen vorbei. Nach ausgiebigem Auspowern auf dem Sportgelände queren wir die Jörg-Hube-Straße in der Kurve, da wir von dort die beste Sicht in beide Straßenteile haben. Der Weg links zwischen den Gebäudeblöcken bringt uns geradewegs zurück in den Prinz-Eugen-Park zum »Wasserfelsen«.

Auf zum Boulder-Felsen!

Startpunkt: an der Biberburg (A2)
Action-Bereich: Tannhäuserpark/Jörg-Hube-Straße
Endpunkt: östlich von Spielplatz Wasserfelsen (E2)

8–14

1 km | flach | 15 Min.

Alles auf einen Blick

Tourencharakter
Wasserspieltour, flache Tour, sonnig mit Schatten; Wasserspielplatz geeignet für Kinder von 0 bis 12 Jahren, die Biberburg ist von den Abständen der Hölzer für Kinder von 6 bis14 Jahren angelegt; kleine Kinder bitte nur in Begleitung eines Erwachsenen!
Extratipp 1: sonnig, Strecke 1 km, Dauer 15 Min.
Extratipp 2: sonnig, Strecke 1 km, Dauer 15 Min.

Ausgangs-/Endpunkt
Kletterspielplatz Biberburg und Wasserspielplatz Wasserfelsen
Parkzugang gegenüber
Jörg-Hube-Straße 22
81927 München (Bogenhausen)
GPS: 48.161749, 11.635723 (Biberburg), 48.164697, 11.633898 (Spinnenspielplatz, Tipp 1), 48.160768, 11.632091 (Parkourpark, Tipp 2)

Anfahrt
Auto: Auf der A 94 Richtung Innenstadt /Bogenhausen/U9/Arabellapark. Dann rechts abbiegen auf Weltenburger Straße (Schilder Arabellapark). Parkmöglichkeiten in der Tiefgarage (kostenpflichtig) am Maria-Nindl-Platz 1. Angekommen an der Tiefgarage lauft ihr über den Fußweg neben der Tiefgarage zur Cosimastraße. Dieser folgt ihr in Richtung Süden, an der Tram-Station Prinz-Eugen-Park (ab hier Wegbeschreibung für Tram-Bahn-Fahrer) vorbei. Kurz danach biegt ihr nach links in die Jörg-Hube-Straße ab. Ihr folgt der Straße bis zur Kurve.
Links führt ein breiter Weg in den Prinz-Eugen-Park.
Bus/Bahn: Von der Tramstation Prinz-Eugen-Park (Linien 16 und 37) sind es ca. 500 m bis zum Ausgangspunkt.

Öffnungszeiten
Biberburg ganzjährig; Wasserspielbetrieb Wasserfelsen Ende Mai bis Anfang Oktober, sonst trocken nutzbar als Sand-Spiel-Stätte, auch für Kettcar-Fahrer bieten sich die breiten Wege um die Spielanlage an; Spielplätze und Parkourpark der Extratipps: ganzjährig

Beste Zeit
Ganzjährig

Einkehr
Nähe Tramstation/Cosimastraße mehrere Restaurants fußläufig erreichbar

Ausrüstung
Badesachen, Picknickdecke, Handtücher; Ersatzkleidung, Wasserspielzeug (Bagger, Schaufeln, Sandförmchen etc.); kletterfähige Bekleidung; ggf. Kettcar/Laufrad, Frisbee, Basket- oder Fußball, ferngesteuertes Auto, Tischtennisschläger, Boule-Spiel o. Ä.

Information
muenchen.de (Suchbegriff: Biberburg)

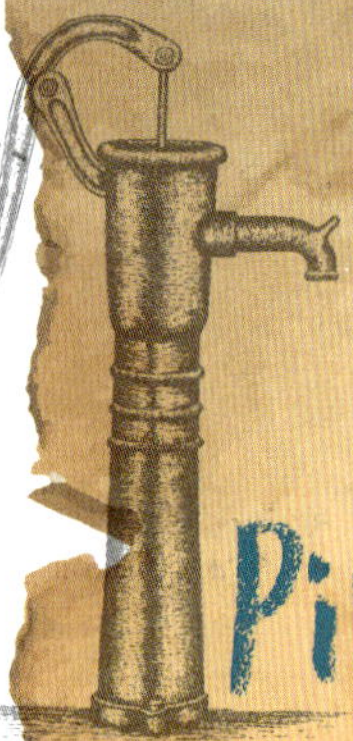

ABENTEUER

3

Das Münchner Piratentrainingsgelände

Uff ... Ächz ... Schnauf ... Geschafft!!!«, donnerte die tiefe Biberstimme von Hano Holzbein über den Dächern Münchens. Biber Beppi, Leutnant Levi und Gerti Gute-Nudel standen bereits mit Schiffsmaus Lino und Papagei Pio hoch oben auf dem grasgrünen Hügel, von dem aus man die ganze Welt überblicken konnte. Nun gut – die ganze Welt, was heißt das schon? Zumindest über ganz München bis hin zum Riesenrad, hinweg über den türkis schimmernden Riemer Badesee bis weit übers Land, wo sich über die komplette Südflanke des Horizonts das Bergpanorama der Alpen erstreckte. »Was für ein Ausblick! Traumhaft! Nein, was sage ich, einfach phäää...noooo...menaaal! Seht nur, welch prachtvolles Stück Erde vor uns liegt und auf unsere Eroberung wartet ...«, schwelgte Gerti überglücklich.

»Also, wirklich, was interessiert mich denn der Ausblick! Ich seh da einen Piraten-Bibertrainingsparcours, einen erfrischenden Badesee und zwei mega hohe Schaukeln. Komm mit Beppi!«, unterbrach Levi die einkehrende Ruhe und düste auf seinem Laufrad auf und davon. Ab und hinab Richtung Tal. Natürlich – wie kann es auch anders sein – dicht gefolgt von Biber Beppi und Papagei Pio.

Schiffsmaus Lino rutschte daraufhin mit viel Schwung wie auf einer Rutschbahn das Geländer hinunter und war als Erste eingetroffen. Als Zweite trafen, zeitgleich mit Papagei Pio, Pirat Pit und Leutnant Levi ein. Hano Holzbein klatschte dafür kräftigen Applaus, während er mit Gerti Gute-Nudel die Abkürzung über die Treppe nahm.

Unten angekommen, gab es kein Halten mehr. Die wilde Bande stürmte zum Badestrand und warf sich ins kühle Nass. Leutnant Levi schwamm mit den Fischen, während Biber Beppi seine Beine über dem Wasser baumeln ließ. Ein herrlich erholsamer Tag lag vor ihnen. Nach gelungener Abkühlung umrundeten die Biber ihr neu gewonnenes Territorium und schaukelten am Südufer des Badesees bis hoch hinauf in den Himmel.

Von hier aus hatte man einen guten Blick über den See, hin zur metallenen Riesen-Pusteblume und über die vielen verschlungenen Wege zum Biber-Piratentrainingsgelände, das es noch zu erobern galt. Biber Beppi war bei dem Anblick so neugierig geworden, dass er es gar nicht erwarten konnte, den Parcours zu durchlaufen. Noch ehe die Schaukel in Ruheposition zum Stehen kam, sprang er ab, setzte sich auf sein Laufrad und düste los. Das Zeichen zum Aufbruch wurde gegeben und bereits wenige Minuten später turnte, tobte und tollte die Biber-Bande auf dem Abenteuerbereich. Leutnant Levi sauste über die Tunnel-Rollen-Rutsche, Gerti Gute-Nudel balancierte über die Planken, Hano Holzbein testete die Kletterstange und Biber Beppi erklomm den Berg der Riesen-Treppe zum Rutsch-Hinunter-Glück. Dieser Trainingsparcours ließ wirklich nichts aus. Es gab ein Hamsterrad, eine Station zum Bestehen der Wasserpumpen-Prüfung und Bänke für die Lasst-Mal-Ruhe-Einkehren-Meditation. Es gab dort nichts, was es nicht gab. Nur wahre Piratenmeister waren in der Lage alle Prüfungen zu bestehen. Doch am Ende bestanden alle Mitglieder der Biber-Bande sandig, nass und überglücklich die geforderten Prüfungsaufgaben.

Und so machten sie sich auf in den »Garten der Freundschaft«, wo Großvater Pino ein schönes Suchspiel vorbereitet hatte. Alle waren gespannt, welche weiteren Abenteuer sie heute wohl noch erwarten würden.

Wollt ihr mit zum Riemer See? Dann ... aus der Bahn, ihr Ungeheuer, jetzt geht's los ins Abenteuer! »

DAS MÜNCHNER PIRATENTRAININGSGELÄNDE

3

Eine Wasserspieltour für Ausdauernde

Im **Abenteuer 3** lasst ihr euren Blick über die Dächer der Landeshauptstadt München bis zu den Alpen schweifen. Ihr umrundet den türkis schimmernden Riemer See, schwimmt mit den Fischen und werdet zu Meisterpiraten ausgebildet – auf einem der besten Münchner Piratentrainingsgelände.

Auf dem Gelände des etwa 130 Hektar umfassenden Landschaftsparks Riem erinnert auf den ersten Blick nicht mehr viel an den ehemaligen internationalen Flughafen der bayerischen Landeshauptstadt. Doch wer genau hinsieht, wird auch bei dieser wirklich gelungenen Verwandlung noch Zeitzeugen, wie zum Beispiel die Start- und Landebahn, erkennen.

Wir starten unsere Tour auf dem öffentlichen Parkplatz am Riemer See neben dem Förderzentrum an der Astrid-Lindgren-Straße. Nach Verlassen des Parkplatzes Richtung Süden sehen wir bereits den beliebten Aussichts- und Rodelberg zu unserer Linken. Wir folgen den Wegen nach links und erklimmen die Anhöhe. Oben angekommen, eröffnet sich uns bei klarer Sicht das traumhafte Alpenpanorama am Horizont. Wir verlassen den Gipfel auf der Südseite, wahlweise über die Treppe oder über die Rampe.

Nur wenige Meter entfernt liegt nun der Riemer See in all seiner Pracht zu unseren Füßen. Die Freibadanlage lädt zum Baden, Volleyballspielen und Verweilen ein. Wir umrunden das Gewässer über den Uferweg, der parallel zum Badestrand Richtung Süden führt. Am Südufer angekommen, können wir uns entscheiden, den breiten Fuß- und Radweg zu nehmen oder dem Abenteuerpfad am Uferrand bis zur Brücke zu folgen. Nach einem wunderbaren Ausblick auf den Himmelsschaukeln überqueren wir die Brücke in Richtung Nordufer.

Vorbei an der »Löwenspinne«, der »Pusteblume«, der »Funkantenne«, dem »Löwenzahn« – die Messestädter haben viele Namen für das Kunstwerk westlich des Riemer Sees. Was am Ende bleibt, ist KUNST – und die liegt ja bekanntlich im Auge des Betrachters.

Wir schlendern am Nordufer entlang, bis etwa auf halber Strecke des Sees zwei Wege parallel und schnurgerade Richtung Norden zeigen. Diesen folgen wir. Gemeinsam gehen wir vorerst vorbei am »Garten der Freundschaft« zu unserer Linken, damit die Kinder erst mal ihre Kräfte auf dem direkt dahinter angrenzenden Abenteuerspielplatz messen können. Zur Beruhigung der Gemüter können wir im Anschluss

Großvater Pinos Suchspiel im »Garten der Freundschaft« lösen.

Wer nun genug Abenteuer erlebt hat, der kann sich von hier aus parallel zum Riemer See Richtung Osten (also Richtung Aussichtshügel) auf den Rückweg begeben. Gegen Ende des Sees finden wir auf der linken Seite unverkennbar den breiten Fußweg, der uns auf direktem Weg zurück zum Ausgangspunkt, dem Parkplatz am Riemer See, führt.

Für ausdauernde Süßwasserpiraten warten fußläufig erreichbar noch drei weitere Spielplätze auf eine Eroberung.

EXTRA-TIPP 1

Wer findet als Erster folgende Motive?

EXTRA-TIPP 2

Der Spielplatz-Marathon

Wer jetzt noch Energie hat, dem sei die Suche nach dem Piraten- und Teletubbie-Spielplatz empfohlen. Der Weg ist auf der Karte verzeichnet.

„Sucht den Weg und guckt genau, denn ihr seid piratenschlau … Drum macht jetzt kehrt mit flinkem Schuh, dann findet ihr den Spielplatz im Nu."

»Mir kribbelt's schon im Pelz, von den Fußspitzen bis zu den Ohren – ich bin ja sooo … hooo … neugierig!«, fiept Schiffsmaus Lino aufgeregt. Und aufgeregt war sie zu Recht! Denn heute ging es los …

Wohin, wollt ihr wissen?! Klar, dann erzähl ich es euch: Papagei Pio war heute Morgen schon ganz früh ausgeflogen, um tolle Zwischenstationen für den Spielplatz-Marathon der Biber-Bande auszusuchen.

»Aufgepasst, sonst Chance verpasst!« plapperte Papagei Pio locker drauf los. »Diii…ie erste Etappe endet am Pi… Piii… Piratenspielplatz, mit riesigen Kletternetzen. Wer als Erster den Piratenausguck besteigt, hat die erste Etappe gewonnen! Aber teilt euch eure Kraft gut ein, denn es warten noch weitere große Abenteuer auf euch.« Er erzählte von windschiefen Häusern auf grünen Stelzen, einem Wasserlauf zum Pritscheln und von den kreisrunden Stationen auf dem Vergnügungsspielplatz der Teletubbies. Alle Biber hörten ganz gespannt zu. Beppi vergaß darüber sogar sein Frühstücksbrot weiterzuessen. Unvermittelt landete es mit einem großen »Platsch« auf Linos Kopf. Klebrig und zäh floss die Erdbeermarmelade über seine Stirn. Doch das störte ihn nicht im Geringsten. Eilig zog er es sich vom Kopf und stopfte es schnell in den Mund – noch bevor Beppi überhaupt merkte, dass er es nicht selbst gegessen hatte. Denn Lino konnte in Erdbeermarmelade baden, so sehr liebte er das rote Zuckerzeug.

Wir folgen dem Weg, der parallel zur Straße führt zwei Bebauungsblöcke (jeweils durch breite Grünanlagen getrennt – gut erkennbar) weiter in Richtung Westen (vorbei am Kinderhaus Kai Riem), bis auf der rechten Seite am Ende der Grünanlage das gigantische Netz des Piratenspielplatzes zu sehen ist. Nach einem Abstecher zum Spielplatz folgen wir dem Weg kontinuierlich weiter. Wir queren die Kreuzung Georg-Kerschensteiner-Straße und biegen zwischen den beiden darauffolgenden Wohngebäuden (gegenüber dem Evangelischen Haus für Kinder Messestadt West) nach rechts in den Park der Wohnanlage ein. An dessen Ende biegen wir links ab und nehmen den ersten Fußweg rechts, um die Elisabeth-Dane-Straße zu überqueren. In der vor uns liegenden Parkanlage finden wir den Wasserspielplatz mit den Stelzenhäusern. Um weiterzugehen, folgen wir dem breiten Weg,

Perfekt fürs Laufrad …

der in der Mitte des Spielplatzes beginnt in Richtung Osten (nach rechts abbiegen). Am Ende des Weges biegen wir nach rechts ab in Richtung Elisabeth-Dane-Straße.

Dort folgen wir dem Fußgängerweg entlang der Straße nach links, auf die Mutter-Teresa-Straße. Nach wenigen hundert Metern liegt, auf der zweiten Grünanlage im Wohngebiet, zu unserer linken Seite das Areal des Teletubbie-Spielplatzes. Nach ausgiebigem Spiel durchqueren wir die Grünanlage in Richtung Norden. An dessen Ende biegen wir nach rechts ab auf den Gehweg entlang der Ruth-Beutler-Straße, später Magdalena-Schwarz-Straße. Wir überqueren die Astrid-Lindgren-Straße. Hier laden zahlreiche Bänke und Bäume zum Verweilen ein, bevor wir unseren Weg in Richtung Osten fortsetzen. Wir spazieren vorbei am Fußballfeld der Schule und erreichen alsbald unseren Ausgangspunkt (Parkplatz).

3,5 km | flach | 50 Min.

Alles auf einen Blick

Tourencharakter
Wasserspieltour, Umrundung Riemer See (kann nach Bedarf verkürzt werden), flache Tour Aussichtshügel (20 Hm) kann auf Wunsch ausgelassen werden), sonnig
Extratipp 1: sonnig, Strecke 100 m, Dauer 2 Min.
Extratipp 2: sonnig, Strecke 2 km, Dauer 30 Min.

Ausgangs-/Endpunkt
Parkplatz am Riemer See
Astrid-Lindgren-Straße 3
81829 München
GPS: 48.132591, 11.708580 (Parkplatz), 48.128000, 11.704329 (Piratentrainingsgelände/Spielplatz Riemer See), 48.129295, 11.698486 (Extratipp 2, Piratenspielplatz), 48.130198, 11.701629 (Extratipp 2, Teletubbie-Spielplatz)

Anfahrt
Auto: Auf A 94 bei Ausfahrt 7 Feldkirchen-West abfahren, dann Richtung Ottendichler Straße fahren bis zum Parkplatz am Riemer See.
Bus/Bahn: Von der U-Bahnstation Messestadt Ost (U2) sind es ca. 700 m bis zum Ausgangspunkt.

Öffnungszeiten
Ganzjährig geöffnet

Beste Zeit
Mai bis September

Einkehr
Nähe Piratenspielplatz und U-Bahnstation Messestadt Ost (U2) mehrere Takeaway-Imbiss-Restaurants fußläufig erreichbar; größere Auswahl an Restaurants in den Riem Arcaden, ca. 15 Min. Fußweg

Ausrüstung
Badeschuhe, Badesachen, Picknickdecke, Handtücher, Ersatzkleidung; ggf. Schwimmhilfen, Laufrad/Kettcar, Ball, Sandspielzeug

Information
muenchen.de
(Suchbegriff: Riemer Park)

Auf dem Piratenspielplatz … ist Klettern erwünscht.

ABENTEUER

4

WASSER, MARSCH!

Wir öffnen die Schleusen

Plitsch, platsch ...
PFÖTCHEN NASS!
Ja das hier,
macht nen riesen
Spaß.

...Sang Biber Beppi so laut er konnte. Schnellen Schrittes stapfte er durch das klare Wasser.

Er hatte so viel Spaß, dass sein Biberschwanz ganz wild hoch und runter wippte. Flink sauste der junge Biber über das Kopfsteinpflaster. Dabei rutschte ihm doch glatt sein großer Piratenhut über die Augen. Schnell schob er ihn wieder hoch. Hier gab es noch viel zu viel zu entdecken. »Lino, wo kommt all das Wasser nur her?«, fragte er die kleine Schiffsmaus, die jetzt fast aus seiner Hosentasche gepurzelt wäre. Die beiden schauten sich um.

Lange brauchten sie nicht zu suchen. Lino entdeckte als Erster den riesigen Wasserhahn mit dem Drehrad.

Er drehte einmal, er drehte zweimal, er drehte ein drittes Mal, und dann kam ein kräftiger klarer Wasserstrahl heraus.

Prasselnd fielen die Tropfen zu Boden.

»Levi, Frida, schließt die Schleusen! Lasst uns das Wasser stauen!«, fiepte Lino so laut er konnte. Bereits wenige Minuten später war die ganze Biber-Bande da. Alle halfen mit. Hano Holzbein befreite mit seinen großen Pranken das Wasserrad vom Kies, damit es wieder gut funktionierte. Levi eilte von Schleuse zu Schleuse und legte zusammen mit Biber Beppi den Weg für das Wasser fest.
Doch was war das?

Biber Beppi fand einen runden Stein mit vier silbernen Schraubenköpfchen drauf. Doch dies war kein normaler Stein. Nein! Unaufhörlich floss das Wasser auf magische Weise aus der sprudelnden Quelle.

»Levi, schnell ... Bring den Hai mit! Ich will sehen, wie rum das Wasser fließt!« Gesagt, getan. Der große Biberbruder eilte herbei und brachte allerlei kleine schwimmende Tiere mit. Einen Orca, einen weißen Hai und eine Qualle. Dicht gefolgt von Papagei Pio, der ein kleines Bötchen aus Blättern mitbrachte. Bald darauf waren alle Spielzeuge im Wasser.

Er wurde geplantscht und gespritzt. Es wurde gelacht und gequatscht. Es wurde gerannt und getippelt, bis auch der letzte Biber pitschnass war. Überglücklich setzte sich Oma Frida auf einen Stein und schaute zu, wie das Wasser durch die vielen Schleusen und Rinnen, unter der Brücke hindurch, in den nahe gelegenen Frosch-Tümpel floss.

Die Sonne glitzerte golden auf der Wasseroberfläche des kleinen Teichs und die Frösche hüpften fröhlich durch das Schilfgras, als Gerti Gute-Nudel zur Brotzeit rief: »Alle Biber kräftig schüüütteln!!! Auf trockene Wasserelfen, saubere Biberpfötchen und tatkräftige Schleusenmeister wartet eine deftige Brotzeit auf dem Sonnendeck.«

Das ließ sich die Biber-Bande nicht zweimal sagen. Schnell waren alle auf den Holzplanken versammelt und wärmten sich auf. Hano Holzbein schnappte sich die erste Semmel und Biber Beppi biss kräftig in den Apfel.

Doch halt, da fehlte doch wer! Wo war Großvater Pino eigentlich die ganze Zeit?

Oma Frida schmunzelte: »Ich glaub, der hat sich eine ruhige Ecke im Park gesucht und schlummert tief und fest. Wer ihn als Erster findet, darf ihn wecken ... Los, ihr Biber, sucht, schnüffelt und forscht!«

Na klar, da waren alle mit dabei. Levi kletterte auf den Felsen. Lino balancierte über den Baumstamm, Gerti suchte im Gebüsch und Hano hielt Ausschau, indem er sich gemütlich auf die Bank im Schatten setzte.

Seid ihr neugierig geworden? Dann ... aus der Bahn, ihr Ungeheuer, jetzt geht's los ins Abenteuer! »

WASSER, MARSCH! WIR ÖFFNEN DIE SCHLEUSEN

4

Ein Wasserspielplatz für junge Schleusenmeister

Im Abenteuer 4 werdet ihr zu Schleusenmeistern. Ihr sucht die sprudelnde Quelle und findet den besten Weg, das Wasser über die breiten Rinnen, unter der Brücke hindurch, in den Teich einzuleiten. Vielleicht entdeckt ihr auch den ein oder anderen Frosch!

Der Wasserspielplatz in Vaterstetten ist ein Traum für alle Eltern von Kleinkindern. Endlich mal ein Wasserspielplatz, an dem niemand kurbeln, pumpen oder »rackern« muss. Das Wasser sprudelt hier kontinuierlich über zwei »Quellen« im Stein über den gesamten Wasserspielbereich. Zusätzlich gibt es ein Wasserrad, das leicht zu bedienen ist.

Mithilfe von automatischen Pumpen wird der Wasserfluss stetig in Gang gehalten. Nach vielen Biegungen fließt das Wasser über breite, flache Rinnen durch mehrere Schleusen und unter der Brücke hindurch in den angrenzenden Froschteich. In dieser gut durchdachten Spielanlage wird kein Wasser sinnlos verschwendet.

Solltet ihr zum Spielplatz kommen und das Wasserrad steckt fest, dann seid wie die »Paw Patrol« - helft zusammen und befreit gemeinsam die Schaufelräder vom Kies. Nach wenigen Minuten läuft es wieder wie geschmiert. Mission erfolgreich beendet. Das nächste Abenteuer wartet bereits: die Rettung des abtreibenden Boots. Dafür spielen die Kinder mit den drei großen Schleusen - meine Kinder haben es geliebt!

Es war ein unaufhörliches Spiel, das Wasser zu stauen, die schwimmenden Spielzeuge zu Wasser zu lassen ... ein Kind öffnet die Schleuse, während das andere vor der Brücke steht und das Spielzeug erfolgreich vor dem Abtreiben in den Froschteich rettet.

Der komplette Wasserspielplatz ist mit Kopfsteinpflaster und großen Steinen ausgestattet. Das ist ein Traum für alle Eltern, die wissen, wie dreckig ein Kind nach einem ausgiebigen Matsch-Bad aussehen kann. Ein Handtuch und Ersatzkleidung reichen – schon ist das Kind für die S-Bahnfahrt wieder vorzeigbar. Besser geht es nicht, einfach toll: abtrocknen, anziehen, fertig!

Zum Aufwärmen hat die Stadt ein großes Sonnendeck mit vielen Sitzbänken errichtet. Von hier aus kann man herrlich den Fischen beim Schwimmen zusehen oder die

Wasser marsch! Ich schließe schon mal die Schleuse.

Frösche beobachten, wie sie von Stein zu Stein hüpfen. Aber bitte denkt daran, dass der Teich als Biotop angelegt ist.

Zum Schutz der Natur gehört der Teich den Tieren und der Spielbereich der Kinder ist außerhalb.

Für kleine Forscher und flinke Kletterkönige lockt im Rückbereich des Biotops ein Park. Er lädt zum Klettern, Balancieren und Versteckenspielen ein. Dank der vielen Bäume kann man hier auch herrlich auf einer Picknickdecke seine Mittagsruhe verbringen, den Vögeln lauschen und Wolkenbilder am Himmel erraten.

Kurz gesagt: Ein perfekter Ort zum Entspannen!

EXTRA-TIPP

Auf zum Abenteuerspielplatz!

Einen kurzen Fußmarsch entfernt, auf der anderen Seite der S-Bahnstation Baldham, liegt an der Rückseite der Realschule, etwas verborgen, der traumhafte Abenteuerspielplatz Brunnenstraße. Um dorthin zu gelangen, folgt ihr dem kleinen Fußweg, umrundet nahezu das sternförmige Gebäude der AWO, bis ihr schließlich am Kreisverkehr ankommt. Dort folgt ihr der Hauptstraße (Karl-Böhm-Straße) unter der S-Bahn hindurch.

Wenige Meter nach dem Brunnen biegt ihr nach links ab. Ihr quert den Parkplatz und folgt der Neuen Poststraße, die zwischen Realschule und den S-Bahngleisen verläuft. Am Ende des Realschulgebäudes liegt im Rückbereich ein riesiges Wiesenareal mit spannenden Spielgeräten.

Hier könnt ihr den kleinen Hügel erklimmen, das Haus besetzen, über die Hängebrücke flüchten, um schließlich ein Duell auf der Wippe auszutragen. Der Gewinner darf als Erster den großen Rutschenturm hinaufklettern.

Auf diesem Abenteuerspielplatz ist für jeden Piraten was dabei ...

Wer es etwas ruhiger bevorzugt, macht eine Spritztour mit dem Wipp-Auto oder schaukelt gemütlich in der Sonne.

Für Brotzeit wurden auch hier Bänke im Randbereich des Spielareals aufgebaut.

Wer einen Ball mitbringt, der kann hier auch toll den Papa zu einem Fußball-Trick-Kick-Duell herausfordern. Platz auf der Wiese ist hier bestimmt.

Dieser Spielplatz lässt Kinderherzen höherschlagen.

Wenn ihr nach einem ausgiebigen Spiel dem Spielplatz bis zum Ende folgt, kommt ihr rechts über die Brunnenstraße wieder zurück zur Hauptstraße (Bahnhofsplatz). Hier biegen wir nach rechts ab, um nach wenigen hundert Metern an der S-Bahnstation Baldham anzukommen.

Adresse Spielplatz: Brunnenstraße 20, 85598 Vaterstetten/Baldham
Hinweis: Fußweg startet am Wasserspielplatz und endet an S-Bahnstation Baldham.

Plitsch, platsch … alles nass! Das hier macht 'nen riesen Spaß!

0,5 km | flach | 8 Min.

Alles auf einen Blick

Tourencharakter
Wasserspielplatz, flache Tour, sonnig mit Schatten
Extratipp 1: sonnig, Strecke 1 km, Dauer 15 Min.

Ausgangs-/Endpunkt
Gegenüber
Schwalbenstraße 9,
85598 Vaterstetten (PLZ beachten!)
Achtung: Die Schwalbenstraße gibt es gleich zweimal in Vaterstetten/Baldham. Ihr müsst in euer Smartphone/Navi unbedingt die richtige PLZ dazu eingeben, sonst landet ihr zwei Kilometer neben dem eigentlichen Ziel.
GPS: 48.101345, 11.787271 (Wasserspielplatz), 48.097490, 11.79030 (Extratipp, Spielplatz Brunnenstraße)

Anfahrt
Auto: Auf A 99 Ausfahrt 18 Haar nehmen, dann auf Wasserburger Landstraße (B 304) und Karl-Böhm-Straße bis zum Ziel in Vaterstetten. Der Wasserspielplatz befindet sich auf der rechten Straßenseite (gegenüber

Schwalbenstraße 9), direkt nach dem sternförmigen Gebäude der AWO. Parkmöglichkeiten an der Schwalbenstraße 21 (ca. 200 m bis zum Ausgangspunkt) oder Neue Poststraße 21 (ca. 500 m bis zum Ausgangspunkt).
Bus/Bahn: Von der S-Bahnstation Baldham (S4, S6) sind es ca. 200 m bis zum Ausgangspunkt.

Öffnungszeiten
Ende Mai bis Anfang Oktober; der Park und der Froschteich können ganzjährig genutzt werden.

Beste Zeit
Juni bis September

Einkehr
Mehrere Restaurants und Cafés fußläufig erreichbar

Ausrüstung
Ersatzkleidung, Picknickdecke, Handtuch; Wasserspielzeug (kleine Boote, kleine schwimmende Plastiktiere etc.)

Information
vaterstetten.de
(Gemeinde gibt telefonisch Auskunft)

Fahrt ins Abenteuer …

ABENTEUER

5

Das Abenteuer am Keltenhaus

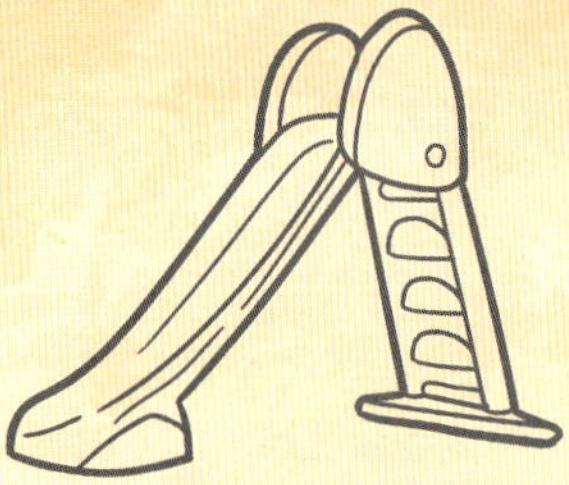

Wrrruuuuums … Mit einem festen Knall dockte die »Silver Star« an ihrem Landeplatz in Taufkirchen an. Eine laue Brise wehte der Biber-Bande entgegen. Die Luft war erfüllt vom Duft frisch gemähter Wiesen mit einem Hauch von Flieder. Schiffsmaus Lino sauste als Erste von Bord. Ab und hinaus auf den Schotterweg, der parallel zum Hafen verlief. Die wilde Bande rannte unter lautem Gebrüll hinterher und erkundete mutig die neue Umgebung.

Bereits nach wenigen Schritten entdeckten Leutnant Levi und Biber Beppi ein anscheinend verlassenes und einsam stehendes Keltenhaus im Gebüsch. Ein riesiger Schlüssel hing lose an der großen Tür. Doch trotz aller Bemühungen blieb das hölzerne Tor fest verschlossen. »Hier ist nix zu holen! Lasst uns lieber weiterziehen«, entschied die Schiffsköchin Gerti Gute-Nudel. Und so setzten sich die Seeräuber wieder in Bewegung. Flink wie Füchse überquerten sie die kleine Kreuzung. Den Gemüsegarten zu ihrer Rechten ließen sie unbeachtet liegen. Die Vorräte waren im letzten Hafen frisch aufgefüllt worden. Da war kein Platz mehr an Bord für solch vegane Kostbarkeiten.

Eins, zwei, drei … ab über den Weg, hindurch durch das kleine Wäldchen, hinauf auf die Rutsche und gleich flugs auf die Wippe, sauste die kleine, vom Schotter ganz eingestaubte Piraten-Maus Lino. Dicht gefolgt von Biber Beppi und dem lauthals lachenden Levi. Hano Holzbein humpelte gut gelaunt an den Spielenden vorbei.

Er staunte nicht schlecht, als er an der nächsten Biegung einen kleinen Tümpel entdeckte. Eingerahmt von einer dichten, kniehohen Wiese lag ein klitzekleines, von den Einheimischen gut gepflegtes Biotop vor ihm. Wer sich wohl dort alles gerade zwischen den grünen Grashalmen verstecken mochte? Vielleicht ein Molch oder ein Teichfrosch? Oder gar eine bunt schillernde Libelle?

Doch das Abenteuer trieb die Meute weiter. Irgendwo müsste hier doch ein Schiff zu kapern sein oder wenigstens ein Berg zu erstürmen. Hano hielt es nicht mehr aus! Als der kleine Pfad zu Ende war, bog er nach Süden ab. In weiter Ferne konnte man bereits die Berge hinter den Schauerwolken erahnen. Nein, dieses Ziel war zu weit weg! »Lasst uns den Weg gen Westen einschlagen!«, rief er mit entschiedener Stimme gegen den stetig wehenden Wind. Auf der nun geteerten Strecke kamen die Biber schnell voran. Eine perfekte Strecke zum Laufradfahren, entschied Beppi.

Links von ihnen hatten die Ureinwohner zwei Wiesen mit richtig hohen Maschendrahtzäunen eingesperrt. »Diese Menschen sind wohl ein bisschen komisch …«, flüsterte Lino. »Warum sollte man das Gras einsperren, wo es doch so viel davon hier gibt?« Na ja, egal. Nur schnell weiter.

»Der runde Platz da vorne – der muss das Zentrum der Macht sein«, folgerte Großmutter Frida in ihrer alten Weisheit. Und siehe da, nicht weit entfernt lag ein nagelneues Schiff vor Anker. Das ließ sich die Biber-Bande nicht entgehen. »Auf sie mit Gebrüll!!!«, johlte Haudegen Pino. Rauschend floss das Wasser zu ihrer Rechten den Brunnen entlang, als der Ansturm auf das Schiff begann.

Seid ihr neugierig geworden? Dann … aus der Bahn, ihr Ungeheuer, jetzt geht's los ins Abenteuer! »

Ein Abenteuerspielplatz für energiegeladene Geister

Im *Abenteuer 5* saust ihr auf schmalen Pfaden durchs Gebüsch, erklimmt die Anhöhe der geschwungenen Hügelrutsche und kapert das vor Anker liegende Boot. Schiff ahoi, die Biber-Bande sticht in See!

Der Sport- und Freizeitpark Taufkirchen zählt aktuell noch zu den Geheimtipps für Wochenendausflügler mit Familienanschluss. Während es einen großen Teil der Münchner bereits am Freitag in die nahegelegenen Berge zieht, profitiert man hier von einer Vielzahl an Freizeitbeschäftigungen, bei der für jede Altersgruppe, von 0 bis 99 Jahren, etwas dabei ist. Das 2009 fertiggestellte, 7400 Quadratmeter große Areal bietet sich hervorragend an, die Vorlieben der jüngsten Familienmitglieder mit den Hobbys der älteren Geschwister unter einen Hut zu bringen. Verabredet euch mit Freunden oder anderen Familien und macht den Tag zu eurem unvergesslichen sportlichen Erlebnis-Abenteuer.

Wir starten unsere heutige Rundtour auf dem Fußweg im nördlichen Teil der Sport- und Freizeitanlage Taufkirchen, gegenüber der Walter-Klingenbeck-Realschule, und lassen die »wilde Bande« das Gelände erkunden. Bereits nach wenigen Metern ist auf der rechten Seite der Originalnachbau eines Keltenhauses zu finden.

Die erste Kreuzung überqueren wir geradeaus. Wir genießen das Summen der Bienen und den Ausblick auf den Umweltgarten zu unserer Rechten. Die Kinder rasen voraus und finden nach der kleinen Baumgruppe auf der linken Seite einen kleinen Spielplatz mit Rutsche, Kleinkindwippe und Sandkasten.

Nach der kleinen Spielpause folgen wir dem geschwungenen Pfad. Bereits in der nächsten Biegung erwartet uns ein kleines Biotop mit Schau-Lehrtafel. Wo der Fußweg an der Gabelung endet, folgen wir dem breiten Schotterweg ein kurzes Stück gen Süden. An der nächsten Kreuzung biegen wir nach rechts auf die Verlängerung des Marklwegs ab. Dieser Fahrrad- und Fußgängerweg, perfekt zum

Laufradfahren, führt uns in das kreisrunde Zentrum der Freizeitanlage.

Von hier aus können die Jungpiraten gemeinsam mit den erfahrenen Hochseematrosen den Weg zu ihrer liebsten Freizeitbeschäftigung selbst herausfinden. Das Piratenschiff, der Wasserspielbrunnen und die vielen Sportfelder warten bereits auf euch. Doch gebt bloß acht … Gut versteckt, lauert ein großes grünes Krokodil auf dem Gelände.

EXTRA-TIPP
Rennstrecke für ferngesteuerte Autos

Liebhaber von ferngesteuerten Autos sei ein Umweg zur extra dafür gebauten Rennstrecke in der Sport- und Freizeitanlage empfohlen.

Drei, zwei, eins … los! Das bringt richtig gute Laune.

1 km | flach | 15 Min.

Alles auf einen Blick

Tourencharakter
Entdeckerwanderung, flache Tour, sonnig mit Schatten
Extratipp: sonnig mit Schatten, Strecke 0,5 km, Dauer 8 Min.

Ausgangs-/Endpunkt
Parkplatz der Sport- und Freizeitanlage
Köglweg 99
82024 Taufkirchen
GPS: 48.044448, 11.606134 (Spielplatz), 48.043207, 11.602722 (Extratipp, Rennstrecke für ferngesteuerte Autos)

Anfahrt
Auto: Auf A 99 Ausfahrt 3 Taufkirchen nehmen. Dann dem Ahornring und Lindenring bis zum Ziel in Taufkirchen folgen.
Bus/Bahn: Von der S-Bahnstation Taufkirchen (S3) sind es ca. 800 m bis zum Ausgangspunkt.

Öffnungszeiten
Ganzjährig geöffnet; der Wasserspielbrunnen ist nur in den Sommermonaten aktiviert; Kletterfelsen bei passendem Wetter freitags geöffnet (Anmeldung unter familienklettergruppe@metzner.org)

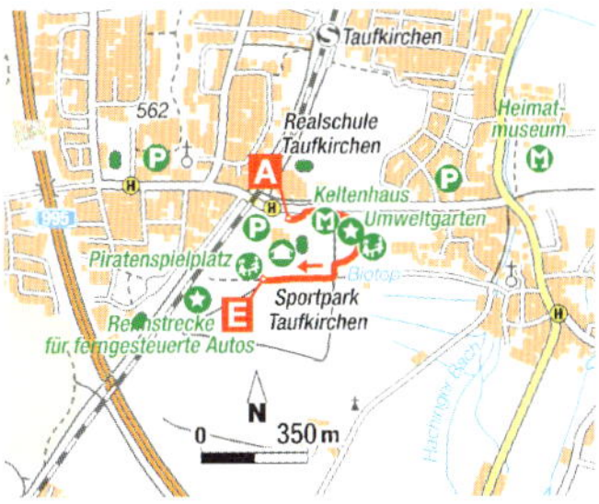

Beste Zeit
Ganzjährig

Einkehr
Nähe Endpunkt der Tour (nur am Wochenende tagsüber geöffnet)

Ausrüstung
Laufrad, Kettcar, Ball, Sandspielzeug; kletterfähige Bekleidung; ggf. Ersatzkleidung, Tischtennisschläger, Volleyball, ferngesteuertes Auto, Skateboard, Frisbee, Fußball, Basketball etc.

Information
museen.de/keltenhaus-taufkirchen.html
meintaufkirchen.de

Lass uns das Biotop erkunden …

ABENTEUER

6

Die Erfrischung im Isartal

Der Himmel war blau und die Sonne stand schon hoch, als die Biber-Bande ihren Ankerplatz an der Säggasse anlief. Ein heißer Tag erwartete das Team.

»Uff, wie ist das heute warm. Ich verglühe ja schon fast ...«, stöhnte die Schiffsköchin Gerti Gute-Nudel. »Pio, flieg mal voraus und such uns eine seeräubermäßige Erfrischung«, rief sie dem Papagei zu, der oben im Ausguck saß.

Mit einem kräftigen Flügelschlag flatterte er los. Er flog hoch hinaus in den Himmel und verschwand hinter den Bäumen am Anlegeplatz. Schon wenige Augenblicke später war er wieder zurück. Freudig quasselte er drauf los: »Hey, hey, Leute, Wahnsinn! Biber Beppi, das musst du sehen! Dort unten teilt ein breiter Fluss die Stadt in zwei Hälften. Eine große Brücke verbindet beide Stadtteile, sodass die Menschen sich besuchen können. Ist das nicht verrückt! Aber das Beste kommt noch. Hier gibt es, ganz in der Nähe, einen kleinen Park, in dem habe ich einen magischen Steinkreis gesehen und auch einen Silberpilz, der auf zauberhafte Art und Weise Wasser spuckt, wenn man ihn drückt. Es gibt einen schattigen Picknickplatz unter dem Sonnensegel und einen abenteuerlich aussehenden Stelzen-Läufer-Parcours. Eine runde Nestschaukel und eine silbrig glänzende Röhrenrutsche warten auf uns.

Ein wildes Gewirr aus Seilen ist dort. Auf dem könnte eine Riesenspinne schlafen. Aber gesehen habe ich keine! Pack deinen Rechen und einen Eimer ein. Komm, lass uns das schiefe Piratenhaus dort erkunden!

An der Isar ist es schön ...

Der Stelzenparcours ist was für wahre Piraten!

Es ist gar nicht mehr weit von hier.« Papagei Pio plapperte so laut drauf los, dass es sogleich die ganze Mannschaft mitbekam. Alle waren ganz gespannt. Jeder wollte mit auf Erkundungstour. Biber Beppi schnappte sich schnell seinen blauen Schlapphut und sprang schwungvoll in seine bunte Latzhose. Ratz-fatz holte er seinen blauen Rechen aus der alten Holztruhe und zog mit Leutnant Levi zielstrebig Papagei Pio hinterher. Ein kleiner Weg führte die wilde Bande durch das nahegelegene Wäldchen am südlichen Ende des Ankerplatzes. Plötzlich ging es steil bergab. Doch für unsere tapferen Seeräuber war das kein Problem.

Glück ist nass ...

Sicheren Trittes und gut gelaunt schritten sie voran. Schon bald erreichten sie einen kleinen Park. Der Ausblick auf den Fluss war traumhaft. Voller Tatendrang erklärte Biber Beppi dieses Tal zu *seinem* Hoheitsgebiet.

Leutnant Levi verweilte nicht so lange auf dem Aussichtsfelsen und erreichte schon gleich das umzäunte Stück Land, das es zu erobern galt. Der Eingang war schnell gefunden. Viele winzig kleine Kieselsteinchen durchzogen das Gelände. Hier und dort lagen größere rundgeschliffene Felsbrocken herum. Großmutter Frida fand das fantastisch und setzte sich gleich auf einen besonders flachen »Findling« (so nennt man die großen Steine).

Hano Holzbein und Großvater Pino eroberten den magischen Steinkreis, in dessen Mitte sich ein besonders großer Felsblock befand. Gut gelaunt setzten sie sich auf die Steine und erzählten sich Geschichten aus längst vergangener Zeit.

Wollt ihr mit zum silbernen Wasserpilz und mutig über den Stelzen-Läufer-Parcours schreiten? Dann ... aus der Bahn, ihr Ungeheuer, jetzt geht's los ins Abenteuer! »

Wasser ist die Seele der Natur – tut gut und beruhigt.

DIE ERFRISCHUNG IM ISARTAL

6

Ein Wasserspielplatz für Eroberer, Wassermeister und Stelzenläufer

Im Abenteuer 6 bgenießt ihr den Blick über die Isar auf die idyllisch gelegene Stadt Bad Tölz, bringt den Wasserpilz zum Sprudeln und werdet zu Bezwingern des Stelzenpfades.

Eltern-Tipp
Badeschuhe anziehen!

Der Wasserspielplatz am Kolbergarten zählt aufgrund seiner direkten Anbindung an die Altstadt Bad Tölz, seiner idyllischen Lage am Ufer der Isar und der vielfältigen Beschäftigungsmöglichkeiten bei Jung und Alt zu den beliebtesten Freizeitorten im Isartal. Ein kleiner Weg führt uns auf direktem Wege vom Parkplatz durch eine mit alten Bäumen bewachsene Zone direkt zum Parkgelände. Wer den Weg lieber über eine geteerte Fläche mit dem Kinderwagen bevorzugt, der kann den nur wenige Minuten längeren Weg auf dem Bürgersteig entlang der Säggasse bergabwärts nehmen. Direkt am Ufer der Isar befindet sich rechts der kleine Park, an dessen Ende sich der Spielplatz verbirgt. Ein öffentliches WC ist ca. 250 Meter entfernt vorzufinden.

Die Beschilderung ist am Aufgang »Le-Feubure-Steig« zu finden. Die Spielstätte ist rundherum eingezäunt, sodass kein Kind versehentlich in den nahe gelegenen Fluss fallen kann. Ein Sonnensegel und alter Baumbestand spenden in den Sommermonaten ausreichend Schatten. In der warmen Jahreszeit können die Kinder durch Betätigung des Wasserpilzes selbst bestimmen, mit wie viel Wasser das Areal geflutet werden soll. Es ist zu empfehlen, bereits bei Betreten des Spielplatzgeländes die Schuhe auszuziehen oder Badeschuhe anzuziehen, da schon nach kurzer Zeit das ganze Areal mit Wasser geflutet werden kann. Dies ermöglicht auch Kleinkindern einen sicheren Umgang, im seichten Wasser mit dem schönen Nass. Größere Kinder können sich an der Schleuse und dem ausgehöhlten Baumstamm betätigen, um ihrer Kreativität im Wasserspiel freien Lauf zu lassen.

In den kühleren Monaten ist der Spielplatz trocken angelegt und kann als Kletter- und Tobe-Spielstätte genutzt werden. Hierfür sind neben diversen Klettergeräten (Stelzen- und Seil-Parcours) auch zwei schiefe Entdeckerhäuser sowie die typischen Spielgeräte (zwei Rutschen, eine Wippe, eine Nest- sowie eine Babyschaukel etc.) vorhanden.

EXTRA TIPP

Wir kapern das Piratenschiff »Black Pearl«

Abenteurer und Entdecker aufgepasst! Auf uns wartet nun ein besonderes Spielplatzschmankerl. Hierzu verlassen wir den kleinen Park in Richtung Säggasse/Isar-Brücke. Wir überqueren die Isar-Brücke und biegen nach rechts in den Stadtpark ein. Nach einem kurzen Spaziergang entlang der Isar flussabwärts treffen wir dort auf mehrere Natur-Erlebnistafeln. Mit ihrer Hilfe lernen wir schnell die heimischen Tiere der Isar kennen. Da wird Großvater Pinos Piratenquiz zum Kinderspiel.

Nach einer kurzen Rast im Schatten der Bäume folgen wir dem Weg in den Isarauen weiter flussabwärts bis wir links auf einen Abenteuerspielplatz treffen.

Die Qual der Wahl steht uns bevor: Erkunden wir zuerst den Kletterfelsen oder kapern wir gleich zu Beginn das fremde Piratenschiff »Black Pearl«? Gar nicht so einfach, schließlich locken hier auch noch die Rutsche und das Karussell die Neugier der Kinder.

Wer schlecht zu Fuß ist, der kann auch direkt neben dem Abenteuerspielplatz parken und die Tour von hinten beginnen. Nun aber los, ihr Forscher und Eroberer, macht euch auf den Weg!

Wer gut aufgepasst hat, findet den Rückweg wie von Zauberhand.

Adresse: Abenteuerspielplatz Königsdorferstraße, neben öffentlichem Parkplatz, gegenüber Königsdorfer Str. 67, 83646 Bad Tölz

Großvater Pinos Piratenquiz für Abenteurer auf der Verlängerungstour

1. Das ist …

	richtig	falsch
a) ein Himmelsfrosch und eine Erdkröte.	◯	◯
b) ein Bläuling und eine Unke.	◯	◯
c) ein Moorfroschpärchen.	◯	◯
d) alles Seemannsgarn – blaue Frösche gibt es gar nicht.	◯	◯

2. Das ist …

	richtig	falsch
a) ein Schwarzpfotendrache.	◯	◯
b) eine Gelbbauchunke.	◯	◯
c) ein Fleck-Scheck-Schreck.	◯	◯
d) ein Fabelwesen – das gibt es gar nicht.	◯	◯

3. Das ist …

	richtig	falsch
a) ein Gelbaugenfrosch.	◯	◯
b) eine Schattenlichtzwerg.	◯	◯
c) ein Feuersalamander.	◯	◯
d) ein gelber Zebramolch.	◯	◯

Auflösung:
1.c), 2.b), 3.c)

Finde es heraus: Welche Schlangen sind bei uns heimisch?

	richtig	falsch
a) die Königskobra	○	○
b) die Blindschleiche	○	○
c) die Kreuzotter	○	○
d) die Schlingnatter	○	○
e) die Ringelnatter	○	○
f) die schwarze Mamba	○	○

Auflösung:
b), c),d), e)

Suchspiel auf dem Abenteuerspielplatz der »Black Pearl«: Wer findet als Erster …

1. den grauen Leguan

2. den roten Dinosaurier

3. das gelbe Känguru

4. den gelben Wal

Viel Spaß,
wünscht euch euer Piraten-Biberteam.

Der Kletterfelsen

Die Tafeln helfen euch beim Piratenquiz ...

1,7 km | flach | 25 Min.

Alles auf einen Blick

Ausgangs-/Endpunkt
Wasserspielplatz am Kolbergarten
Säggasse 8
83646 Bad Tölz
GPS: 47.762091, 11.556087 (Wasserspielplatz), 47.761734, 11.554800 (**Extratipp**, Wasserspielmöglichkeit), 47.762716, 11.551912 (**Extratipp,** Piratenschiff-Spielplatz, ca. 1,7 km, 25 Min.)

Anfahrt
Auto: Auf A 8 an der Ausfahrt 97 Holzkirchen abfahren, dann auf B 318 in Richtung Holzkirchen/Tegernsee/Bad Tölz fahren und weiter auf B 13 bis ins Zentrum von Bad Tölz.

Parkmöglichkeiten am Parkplatz Kolbergarten in der Säggasse 8 (kostenpflichtig, max. 3 Std.), Behindertenparkplatz direkt an Isarbrücke.

Bus/Bahn: Vom Bahnhof Bad Tölz ca. 1,7 km bis zum Ausgangspunkt.

Alternativ mit der S7 nach Wolfratshausen und dann mit Bus X970 bis zur Haltestelle Jahnstraße, Bad Tölz. Von dort sind es ca. 700 m bis zum Ausgangspunkt.

Öffnungszeiten
Ganzjährig geöffnet, von Herbst bis Frühjahr kann der Spielplatz ohne Wasser gut bespielt werden

Beste Zeit
Ganzjährig

Einkehr
Mehrere Restaurants und Cafés in der Altstadt fußläufig erreichbar

Ausrüstung
Badeschuhe, Ersatzkleidung, Picknickdecke, Handtücher; Wasserspielzeug (Bagger, Schaufeln, Sandförmchen etc.); für **Extratipp:** ggf. Schwimmhilfen, kletterfähige Bekleidung

Information
bad-toelz.de
spielplatznet.de
(Suchbegriff: Bad Tölz > Taubenloch)

ABENTEUER 7

Der Leuchtturm am Strand

G...rüüüühüü...n, grrr...rauauau... hau. Nein!« (Stille.) »Rooo... hooo...ooter Leuchtturm voraus!«, krächzte Papagei Pio. Was?! Land in Sicht?! Sie mussten angekommen sein.

»Holt die Segel ein! Wir gehen an Land!«, rief Biber Beppi und setzte Kurs auf den Leuchtturm am Strand. Das Schiff verlangsamte seine Fahrt. Die Bibercrew war neugierig geworden. Das Ziel war schon sehr nah, doch die Schiffsreeling war so hoch, dass Beppi kaum darüberschauen konnte. Er rief hoch zu Leutnant Levi, der mit Papagei Pio und Großmutter Frida im Ausguck stand: »Hey, Biber, sagt mal, was seht ihr so?«

Erst folgte Stille. Biber Beppi sah, wie Levi sich das Fernrohr schnappte und lange hineinschaute. Großmutter Frida schickte Pio aus, um das Land zu erforschen. Ruhig und rhythmisch schwappte das Wasser gegen den Bug des Schiffes. Der Wind strich sanft durch das lange Haar der Schiffsköchin Gute-Nudel.

Doch dann brach es aus Leutnant Levi heraus wie ein Blitz aus einer Gewitterwolke: »Das glaubt ihr nie! Wir sind im Paradies gelandet. Türkisblaues Wasser, weißer Sandstrand, Kletterbäume direkt am Ufer! Wahnsinn!!!« Dann folgte erneut Stille.

... in der alten Wikingerfestung.

Levi schaute noch mal tief in sein Fernrohr. »Ich sehe große runde Felsen zum Hinaufklettern für Beppi und zum Ausruhen für Frida. Ich sehe viele Bänke mit Ausblick aufs Wasser für Großvater Pino. Saftig grünes Gras, perfekt für meine neue Picknickdecke. Das wird meine Picknick-Liege-Spiel-Schlaf-Wiese. Ich sehe ein großes Fischernetz, das an zwei Stangen hängt. Das wird Hano gefallen. Ein toller Platz für ein Biberball-Turnier!«, rief er lachend in die Tiefe. In aller Seelenruhe strich Levi sich die

Leinen festmachen, wir ankern!

Haare aus der Stirn. Ein breites Grinsen machte sich in seinem Gesicht breit. Was er wohl gesehen hatte?

»Großvater Pino, Biber Beppi, habt ihr Lust mit mir zusammen das riesige Schiff dort drüben zu kapern? Es wird nicht leicht. Es sind Haie im Wasser. Aber was wäre schon eine Eroberung ohne eine Herausforderung?! Das wäre ja wie … Pommes ohne Ketchup!«

Mit einem kräftigen Rumpeln landete das Biber-Boot an Land. Haudegen Pino warf mit einem kräftigen Schwung den Anker ins Wasser und Hano Holzbein vertäute das Schiff. Gerti Gute-Nudel sprang als Erste von Bord. Doch noch ehe sie es sich versah, sauste Levi an ihr vorbei, dicht gefolgt von Biber Beppi.

Plötzlich blieb Beppi stehen. Was war denn da los? Biber Beppi kratzte sich am Kopf. Seine Mütze hing schon ganz schief. »He, aufhören! Das kitzelt!«, fiepte Schiffsmaus Lino. Sie hatte sich bei dem kalten Wind auf See in Biber Beppis Mütze versteckt. »Ich muss wohl eingeschlafen sein. Häh? Wo sind wir?« Verdutzt schaute die kleine Maus unter der Mütze hervor. Ihre Augen wurden immer größer und mit einem Schlag war sie hellwach. »Beppi, Beppi, schau doch nur! Der Leuchtturm. Er hat eine gigantische Rutsche. Da will ich hin! Komm! Schnell! Ich sichere mit dir den Leuchtturm.«

»Und wir rutschen danach gemeinsam die Silberrutsche hinunter, ist doch klar!«, erwiderte Beppi freudig.

Gemeinsam eroberte die Biber-Bande das Festland und sie kaperten das dort vor Anker liegende Schiff, die »Wilde 13«. Schnell war Biber Beppi unter Deck verschwunden und durchsuchte die Schiffsküche nach Essbarem. Als ein wenig später der Duft von frisch gebackenem Sandkuchen die Luft durchzog, kam auch Papagei Pio zurück zur Crew.

Er erzählte von einer Landzunge. Er berichtete von einer Wikingerfestung im Wald und von verschlungenen Pfaden. Doch das ist eine andere Geschichte (siehe Extratipp).

Wollt ihr mit zum Leuchtturm am Strand? Dann … aus der Bahn, ihr Ungeheuer, jetzt geht's los ins Abenteuer! »

Karibik auf gut bayrisch …

DER LEUCHTTURM AM STRAND

7

Ein traumhafter Karibikstrand auf gut bayrisch

Im Abenteuer 7 erwartet euch ein traumhafter Sandstrand, wie ihr ihn sonst nur in der Karibik vorfinden würdet. Feiner weißer Sand trifft auf kristallklares Wasser. An Land liegt ein mächtiges Piratenschiff vor Anker.

Der Badestrand an der Popperwiese zählt wohl zu den schönsten Badestellen des Tegernsees. Der feine weiße Sandstrand, das türkisblaue klare Wasser und die vereinzelten Bäume direkt an der Wasserkante entführen uns in eine Zone der Ruhe und Entspannung, die wir sonst nur aus Werbebildern der Karibik kennen.

Wer hat Angst vorm großen Hai?

Der flache Uferbereich ist für die Wasserschlacht der Kleinkinder ebenso gut geeignet wie für kleine Süßwassermatrosen, die das Schwimmen in natürlichen Gewässern gerade erst lernen. Große Findlinge laden zum Sonnenbaden und Aufwärmen nach einem ausgiebigen Wasseraufenthalt ein.

An warmen Tagen kann man herrlich auf der weitläufig angelegten Liegewiese entspannen.

Auch an den liebsten Begleiter des Menschen wurde gedacht. Den Hund. Direkt neben dem öffentlichen Familienbadestrand ist, durch einen Zaun abgetrennt, ein separater Strand für die Vierbeiner vorgesehen worden. Auch hier lockt der traumhaft weiße Sandstrand und das kristallklare Wasser des Tegernsees sorgt an heißen Tagen für eine willkommene Abkühlung.

Nach einer ausgedehnten Erfrischung können sich die jüngeren Gäste auf dem dazugehörigen Piratenspielplatz austoben, während die Jugend und alle Junggebliebenen sich auf dem Beachvolleyballfeld und an der Tischtennisplatte eine harte Schlacht liefern.

Der kleine Kiosk in Strandnähe lockt im Sommer mit kühlen Getränken und einer erholsamen Schaukelbank.

Alle Piraten los ... Wir entern die »Wilde 13«!

Zahlreiche Bänke am Uferweg sorgen für Entschleunigung und verlocken zum Verweilen. Wer bis zum Abend bleibt, der wird, bei schöner Wetterlage, mit einem phänomenalen Sonnenuntergang belohnt. Nicht selten stehen Hobby- und Meisterfotografen an diesem Strand, um das Farbenspiel der Natur einzufangen.

Auch an öffentliche Toiletten und Umkleidekabinen wurde hier gedacht.

Ist zur Abwechslung auch mal ein schöner Spaziergang entlang des Wassers gewünscht, so lädt der Uferweg, welcher direkt an der Badestelle Popperwiese vorbeiführt, zu einem Abstecher in die fußläufig erreichbare Innenstadt von Rottach-Egern ein. Von April bis Oktober kann man auch von der Station »Strandbad« im Ortszentrum von Rottach-Egern aus eine Schifffahrt über den Tegernsee genießen. Der Fußmarsch zum Schiffsablegeplatz entlang des Seeufers ist mit etwa einer halben Stunde zu veranschlagen.

Nur wenige Meter vom Badestrand an der Popperwiese entfernt befindet sich eine bewaldete Landzunge. Neben einem exquisiten Restaurant für Gutbetuchte am Ende der Halbinsel lockt dieser Ort mit kleinen Trampelpfaden im Wald, bei deren Erkundung eine besondere Überraschung *(siehe Extratipp)* auf die Kinder wartet.

EXTRA TIPP:
Die Stürmung der Wikingerburg

Die Suche nach der uralten Wikingerburg auf der Landzunge an der Weißach ist zu jeder Jahreszeit ein spannendes Abenteuer für Jung und Alt. Hierfür verlassen wir die Popperwiese über den Uferweg nach links. Direkt nach dem Hundestrand führt uns ein Weg in den Wald. Bereits nach wenigen Metern treffen wir auf eine breite Forststraße. Wir queren diese und folgen dem schmalen Pfad ins Unterholz. Der Waldweg dort führt uns rechts immer tiefer in den Forst der kleinen Halbinsel. Links schimmert das Flussbett der Weißach durch das Geäst. Dort drüben, ist das nicht ein hölzernes Tipi? Und HALT, was ist denn das? Der Trampelpfad aus längst vergangener Zeit führt uns hinein in die erste Ringburg. Mächtige Hölzer ragen senkrecht in den Himmel. Hier sind wahre Krieger gefragt! Stürmt die Ringburg und sucht weiter nach der Festung des Wikingerkönigs Halvdan der Mutige! Doch gebt gut acht, dass ihr nicht in die Weißach fallt oder euch gar im Wikingerwald verlauft. Wer eine gute Spürnase hat, der wird nach gelungener Eroberung sicherlich den rechten Weg zur Forststraße zurückfinden. Den Rückweg findet ihr dann ganz von selbst, wenn ihr, immer der Nase nach, der Forststraße aus dem Wald folgt.

Nun aber los ihr Süßwasserpiraten – viel Erfolg bei der Stürmung der Wikingerburg!

Stürmen wir die Wikingerburg!

0,5 km | flach | 8 Min.

Alles auf einen Blick

Tourencharakter
Badestrand, flache Tour, sonnig
Extratipp: schattige Tour auf kleinen, zum Teil wurzeligen Waldpfaden, Strecke 1 km, Dauer 15 Min.

Ausgangs-/Endpunkt
Badestrand an der Popperwiese
Weißachdamm 33
83700 Rottach-Egern
GPS: 47.695884, 11.742477 (Spielplatz an der Popperwiese)

Anfahrt
Auto: Auf A 8 Ausfahrt 97 Holzkirchen nehmen. Auf B 318 bis zum Südufer des Tegernsees fahren. Der Parkplatz am Weißachdamm 33 befindet sich in der Sackgasse. Große Gefährte, wie z. B. Wohnmobile, sollten bereits weiter vorne im Siedungsbereich am

Übergang zwischen Kobellstraße und Ganghoferstraße eine geeignete Parkmöglichkeit aufsuchen. Von dort sind es ca. 700 m bis zum Ausgangspunkt. Früh dran sein lohnt sich.
Bus/Bahn: Vom Bahnhof Kreuth-Riedsäge, Rottach-Egern, ist es ca. 1 km bis zum Ausgangspunkt.

Öffnungszeiten
Ganzjährig geöffnet

Beste Zeit
Juni bis August, Spaziergang mit Spielplatzbesuch und Erkundungstour zur Wikingerfestung sowie Ausblick ganzjährig einen Ausflug wert

Einkehr
Kiosk am Badeplatz bei schönem Wetter Ende Mai bis Anfang Oktober geöffnet

Ausrüstung
Badeschuhe, Badesachen, Picknickdecke, Handtücher; ggf. Schwimmhilfen, Ball, Sandspielzeug, Tischtennisschläger

Information
tegernsee.com
(Suchbegriff: Popperwiese)

ABENTEUER 8

Ein TRAUM wird wahr

Ach menno! Wieso hast du mich geweckt?!«, fauchte Leutnant Levi die kleine Schiffsmaus an. Lino hatte es so eilig gehabt, dass er glatt über das Gesicht des kleinen Bibers gelaufen war.

Levi streckte sich ausgiebig und gähnte laut: »Ach, Lino! Ich hab gerade so schön geträumt.«

Lino hielt an und drehte sich neugierig um. »Erzähl!«, sagte Lino und ließ sich dann auf den warmen, weichen Bauch des kleinen Bibers plumpsen.

»Es war ein heißer Sommertag. Einer von der Sorte, an dem einfach alles passte. Die Sonne schien und ein Hauch von Abenteuer lag in der Luft. Ich stapfte durch einen erfrischenden kleinen Bach, als ich etwas Silbernes in der Sonne funkeln sah. Das weckte meine Neugier. Natürlich bin ich sofort dorthin gelaufen. Kannst du dir vorstellen, was das war? Ein Wasserspielplatz mitten im Bach. Wirklich! Und als ich dort angekommen war, wurde es noch viel besser. Gleich daneben fand ich einen hohen Turm, von dem aus man einen traumhaften Ausblick hatte. Gleich darauf bin ich über die Rutsche hinuntergerutscht, durch den warmen Sand gelaufen und hab die Seilbahn ausprobiert. Biber Beppi, du und die ganze Biber-Crew waren auch mit dabei. Großmutter Frida hatte es sich in der Nestschaukel gemütlich gemacht und vergnügt zugesehen, wie die Biber-Bande den Stelzenparcours

überwindet. Die Hälfte von uns ist irgendwann in den warmen Sand geplumpst. Das war sehr lustig anzusehen. Doch das Beste kommt erst noch! Hano Holzbein hat einen See entdeckt, umgeben von hohen Gipfeln. Einfach toll. Das Wasser glitzerte sanft im Schein der Sonne. Und am Steg lag bereits ein Schiff vor Anker, aber gerade, als wir losstürmen wollten, um es zu kapern … da hast du mich aufgeweckt!!!«, grummelte Leutnant Levi Lino an.

»Echt? Das ist ja verrückt! Guck mal aus dem Fenster. Die anderen haben schon ihre Badehose an. Steuermann Hano hatte wohl den gleichen Traum. Wir sind genau DAAA!!!«, fiepte Lino vergnügt. Dabei hopste die kleine grau-braune Schiffsmaus auf und ab wie auf einem Trampolin.

Levi lugte aus dem runden Bullauge des Biber-Piratenschiffs. Tatsächlich; dort hinten war der schöne Park, von dem er geträumt hatte, die bunten Blumen, das goldene Feuer im Silberring, das Fernrohr … und hier die bibergroßen Schachfiguren. Selbst die Liegestühle unter den karibischen Bastschirmchen waren da. Verrückt! Und er dachte, er hätte das ALLES NUR GETRÄUMT?!

Schnell hüpfte auch er in seine Badehose und stürme los ins Abenteuer, denn ein neuer erlebnisreicher Tag lag vor der Biber-Bande.

Wollt ihr mit zum Strand der Träume? Dann … aus der Bahn, ihr Ungeheuer, jetzt geht's los ins Abenteuer! »

EIN TRAUM WIRD WAHR

8

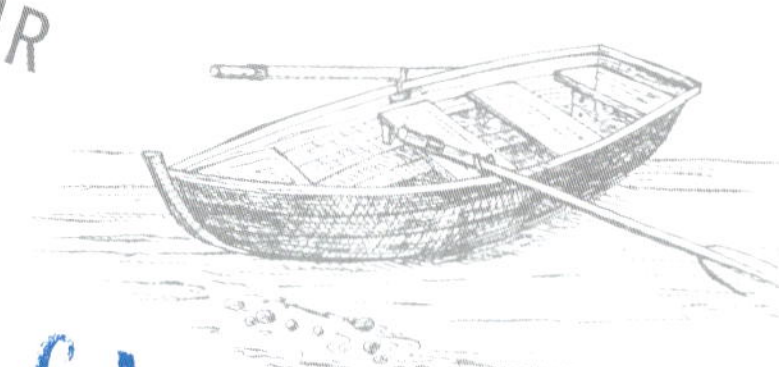

Berge – Baden – Bootfahren … was kann es Schöneres geben?!

Im **Abenteuer 8** klettert ihr auf hohe Türme, badet im glitzernden See, umgeben von Bergen, und entspannt im Schatten unter karibischen Bastschirmchen. Euer Schiff liegt schon zur Abfahrt bereit. Ein langersehnter Traum wird wahr!

Der Badestrand am Nordufer des Schliersees lässt wahrlich keine Wünsche offen. Hier findet ihr alles, was das Kinderherz begehrt und Eltern Ruhe und Gelassenheit schenkt.

Um vom »Park and Ride Parkplatz am Bahnhof« zu diesem traumhaften Ort zu gelangen, folgt ihr der Gartenstraße, welche direkt in die Perfallstraße übergeht. In der Kurve führt rechts ein geschotterter Fußweg am Bachlauf »Kreiter Graben« entlang. Diesem folgt ihr immer südwärts in Richtung See. Bereits nach wenigen Minuten habt ihr das Badegelände erreicht.

Der Badestrand am Nordufer des Schliersees ist ein wahres Juwel. Der Bachlauf am »Kreiter Graben« lädt die Kinder ein, im seichten Wasser kleine Staudämme aus Steinen zu bauen oder das Wasser an den flachen Kaskaden umzuleiten. Die Eltern können das Spiel der Kinder getrost im Schatten der vielen Bäume vom Ufer des Bachlaufs aus beobachten. Im südlichen Teilstück wurde auch ein Wasserspielplatz im Bach integriert, der die Kinder zum Plantschen im kühlen Nass motivieren soll. Direkt anschließend an den Bachlauf geht das Gelände in einen trockenen, besandeten Abenteuerspielplatz über. Der Fußweg teilt den Spielplatz in zwei Areale auf. Der nördliche Abschnitt ist vorwiegend auf den Kletterdrang der größeren Kinder (6 –14 Jahre) ausgerichtet, während der südliche Abschnitt mehr auf die Bedürfnisse der Kleinkinder eingeht.

Angrenzend finden wir eine kleine, aber feine Liegewiese. Diese besticht mit direktem Seeblick. Der Uferweg ist mit zahlreichen Bänken ausgestattet, sodass auch

EXTRA-TIPP 1

Die Vitalwelt Monte Mare

Wer denkt, dieser Ausflug ist nur im Sommer einen Ausflug wert, hat weit gefehlt. Gerade vom Herbst bis ins Frühjahr ist der Abenteuerspielplatz und der Ausblick über den See eine willkommene Abwechslung vom Alltag. Sollte man nach einem windigen Herbsttag dann doch mal so richtig durchgefroren sein, lockt das Hallenbad in der Vitalwelt Monte Mare mit einem schönen Kleinkindbereich und einer geschwungenen Röhrenrutsche.

Schwangere oder die Großeltern leicht der Aufsichtspflicht beim Baden nachgehen können, ohne die ganze Zeit stehen zu müssen.

Der flache Uferbereich ist für die Wasserschlacht der Kleinkinder ebenso gut geeignet wie für kleine Süßwassermatrosen, die das Schwimmen in natürlichen Gewässern gerade erst erlernen. Lediglich im Bereich der Schiffsanlegestelle sowie im Bereich um das Bootshäuschen ist Baden untersagt.

EXTRA-TIPP 2
Die Umrundung der Insel

Wen jetzt die Sehnsucht nach mehr »Meer« aufs Wasser zieht, dem sei eine Schifffahrt auf dem Schliersee empfohlen. Im Laufe eurer Tour umrundet ihr dabei die zauberhafte Insel in der Mitte des Sees und lernt ganz nebenbei die anderen Badestellen dieses Badeparadieses kennen. Genießt den Ausblick, die Überfahrt und die frische Luft der bayerischen Berge. Wir wünschen euch eine ruhige Fahrt und immer eine Handbreit Wasser unter dem Kiel. Schiff ahoi!

0,6 km | flach | 8 Min.

Alles auf einen Blick

Tourencharakter
Badestrand, flache Tour, sonnig mit Schatten
Extratipp 1: Indoor
Extratipp 2: sonnig mit Schatten

Ausgangs-/Endpunkt
Badestrand am Kreiter Graben (am Schiffsanlegeplatz neben Vitalwelt Monte Mare)
Perfallstraße 4
83727 Schliersee
GPS: 47.733258, 11.861936 (Spielplatz)

Anfahrt
Auto: Auf A 8 Ausfahrt 98 Weyarn nehmen. Weiter auf St 2073 in Richtung Weyarn/Miesbach nach Schliersee fahren. Parkmöglichkeiten gibt es am Bahnhof (P+R), Bahnhofstraße 14, sowie an der Uferpromenade in Schliersee, Nähe Perfallstraße 36d. Beide Parkplätze

sind kostenpflichtig und befinden sich ca. 600 m vom Ausgangspunkt entfernt. **Bus/Bahn:** Vom Bahnhof Schliersee sind es ca. 600 m bis zum Ausgangspunkt.

Öffnungszeiten
Badestrand, Park, Spielplatz und Wasserspielplatz ganzjährig geöffnet, Schifffahrt nach Fahrplan (saisonabhängig); ganzjähriges Baden ist im Hallenbad Vitalwelt Monte Mare möglich!

Beste Zeit
Ganzjährig

Einkehr
Kiosk am Badeplatz bei schönem Wetter April bis Oktober geöffnet, mehrere Restaurants fußläufig erreichbar

Ausrüstung
Badeschuhe, Badesachen, Picknickdecke, Handtücher; ggf. Schwimmhilfen, Ersatzkleidung, Ball, Sandspielzeug, SUP, Paddelboot (SUP- und Bootsverleih vor Ort), Fernglas für gute Sicht auf die Berggipfel

Information
schliersee.de
(Suchbegriff: Sommer/Service-Information/Gaeste-Information)

ABENTEUER 9

Was (s) er leben!

Weiße Wölkchen zogen über den Himmel und die Luft war kühl und klar. Zu diesem Zeitpunkt ahnte noch niemand, was die Biber-Bande heute noch erwarten würde. Großmutter Frida putzte den Fisch fürs Essen, Lino träumte in seiner Hängematte von einem Schloss aus Käse und die restlichen Biber schliefen noch tief und fest, als von draußen plötzlich Geräusche zu hören waren ...

Krah ...

ACHTUNG!

Papagei im Landeanflug!

Alle aus der Bahn. Krah ...

RUMMMS

Oje, was war denn nun passiert?! Papagei Pio war so schnell geflogen, dass er beim Landen doch glatt in das weiße Segel des Biber-Piratenschiffs krachte. Jetzt lag der kleine bunte Vogel auf dem Boden, eingewickelt in ein riesiges Laken.

»Pio, Pio, geht es dir gut?«, fragte Frida, die alles mit angesehen hatte, ganz aufgeregt. Das weiße Knäuel bewegte sich, kullerte über die Planken und kam an der Bugwand zum Stehen. Heraus kroch ein ziemlich zerrupfter, aber überglücklicher Papagei, der sofort drauflos plapperte: »Frida, schnell, weck Biber Beppi und die anderen auf. Ich hab ja so tolle Nachrichten für euch! Lasst uns was (s) er leben!«

Großmutter Frida brauchte niemanden mehr zu wecken, das Gepolter war so laut gewesen, dass alle Biber bereits hellwach waren und wenige Minuten später gespannt zuhörten.

»Biber, heute hab ich auf meiner Morgenflugrunde eine Flussnixe kennengelernt. Jeni – ohhh ... wie war die süß!«, sprach Pio und grinste dabei ganz verlegen. »Sie erzählte mir einen Insektenkrimi.

Ich kann zwar noch nicht lesen, aber dafür super Puzzles lösen ...

Was für ein Panorama!

Na, wer findet als Erster Flussnixe Jeni?

Gruselig, sag ich euch, aber auch spannend! Sie erklärte mir, dass sie den Menschen helfen will, die Natur zu verstehen.

Das fand ich super – da hab ich ihr gleich von euch erzählt und alles, was ich so über Biber weiß. Sie war absolut begeistert. Und das Beste ... sie möchte ein Biber-Quiz machen und ihr seid die Superstars. Toll, was?«

Die Biber schauten sich überrascht an.

»Los, macht euch schick ... Wir wollen ein paar Fotos schießen für die neue interaktive Biber-Station!«, krächzte der Papagei und schüttelte rasch sein Federkleid zurecht.

Wollt ihr sehen, welche Stationen Flussnixe Jeni gezaubert hat? Dann ... aus der Bahn, ihr Ungeheuer, jetzt geht's los ins Abenteuer! »

WAS (S) ER LEBEN!

9 

Eine Erlebnistour am und über das Wasser

Im **Abenteuer 9** geht ihr mit Flussnixe Jeni auf Entdeckertour und werdet von ihr zu Experten im Bereich Wasser, Moor und deren Bewohner ausgebildet. Viele interaktive Stationen warten hier bereits auf euch. Seid ihr bereit?

Wir beginnen unseren Rundweg auf dem öffentlichen Parkplatz der Jenbachhalle. Gleich zu Beginn überqueren wir die Brücke, über die wir gerade in den Parkplatz eingebogen sind. Auf der anderen Straßenseite biegen wir nach links ab in die Straße »Waldweg«. Bereits nach wenigen Metern gehen wir rechts in den Mooslindweg (parallel zur Staatsstraße).

Die Nebenstraße (Mooslindweg) führt uns vorbei an einem Einsiedlerhof. Kurz darauf überqueren wir die Staatsstraße (Achtung, erhöhter Autoverkehr!) und folgen dem Feldweg entlang dem »Waserbächlein«. Nun könnt ihr selbst entscheiden, ob ihr die lange oder die kurze Tour gehen wollt. Entscheidet selbst, welchen Weg ihr bis zum Zwischenziel an der Kläranlage nehmt.

Lange Tour:

Wer einen längeren Spaziergang bevorzugt, der biegt an der nächsten Abzweigung nach rechts ab und folgt dem Weg bis zum Café Moosmühle. Dort angekommen, wählen wir den Forstweg zu unserer Linken. Wir folgen dem Weg hinweg über die Brücke am »Waserbächlein«. Direkt hinter der Kurve liegt die erste Station mit dem Biber-Wissens-Quiz. Wir setzen unseren Weg fort und erreichen bereits nach wenigen Minuten die nächste Station »Wasser – wohin gehst du?« (an der Kläranlage).

Kurze Tour:

Wer sich für die kurze Rundwanderung entscheidet, geht stets geradeaus, bis der Weg an der Kläranlage endet. Hier treffen wir auf die fleißigen Wanderer der langen Runde.

Wer möchte, kann dem »Waserbächlein« nach rechts folgen, um die beiden Stationen »Wasser – wohin gehst du?« und die »Biber-Wissens-Quiz-Station« zu erkunden.

Wer sich auf den direkten Rückweg (**Themenweg:** »Was (s) er leben«) machen möchte, sollte sich hingegen nach links wenden.

Wo der Forstweg an der Kläranlage vorbeiführt, vereinen sich die lange und die kurze Tour wieder. Wir gehen nun in Richtung Staatsstraße ST 2089 (Achtung, erhöhter Autoverkehr!) und überqueren die Gundelsberger Brücke.

Kommt doch noch zum Wasserspielplatz am Osterbach.

EXTRA-TIPP
Wasserspiele am Osterbach

Wer die Tour gerne noch etwas verlängern möchte, der folgt ab dem Parkplatz Jenbachhalle einfach dem Fußweg am Jenbach entlang flussaufwärts. Nach dem Parkplatz geht ihr geradeaus über die schmalere der beiden Brücken. Hier im Jenbachparadies gibt es für die Kinder viel zu entdecken. Ihr könnt entweder den direkten Weg unter dem Regenbogen hindurch nehmen oder euch flussaufwärts durch das Parkareal treiben lassen. Sucht euch aus, wonach euch der Sinn steht. Der Wasserspielplatz am Osterbach befindet sich oberhalb der kleinen Brücke mit den Weintrauben und unterhalb der alten Eisenbahnbrücke. Ihr könnt ihn nicht verfehlen, wenn ihr stets dem Osterbach folgt. Viel Spaß beim Dämmebauen und Plantschen im Wasserspielbereich wünscht euch die Biber-Bande!

Direkt dahinter führt links der Fuß- und Radweg den Jenbach flussaufwärts. Hier treffen wir immer wieder auf Schautafeln des Themenwegs mit interessanten Informationen zum Lebensraum Wasser. Der Weg führt vorbei am Camping Outdoor Resort und bringt uns, wenn wir stets geradeaus gehen, zielsicher zu unserem Anfangspunkt an der Jenbachhalle zurück.

5 km | flach | 1 Std. 15 Min.

Alles auf einen Blick

Tourencharakter
Entdeckerwanderung, flache Tour, Strecke lange Tour 1 km zusätzlich, Dauer lange Tour 15 Min. zusätzlich
Extratipp: schattig, Strecke 1 km, Dauer 15 Min.

Ausgangs-/Endpunkt
Parkplatz an der Jenbachhalle
Ackerpointstraße 9
83075 Bad Feilnbach
GPS: 47.781097, 12.005394

Anfahrt
Auto: Auf A 8 bis Ausfahrt 100a Bad Aibling fahren. Rechts abbiegen auf St 2089 in Richtung Bad Feilnbach. Im Kreisverkehr geradeaus fahren. Hinter dem Medical Park Bad Feilnbach rechts abbiegen. Der Parkplatz an der Jenbachhalle befindet sich direkt hinter der Brücke über den Jenbach auf der linken Seite.

Bus/Bahn: Von der Bushaltestelle Lippertskirchen Kirche, Bad Feilnbach (Linie 9580 ab Bahnhof Bad Aibling) sind es ca. 1,2 km bis zum Ausgangspunkt.

Öffnungszeiten
Ganzjährig geöffnet

Beste Zeit
Ganzjährig

Einkehr
Restaurants nur im Stadtzentrum, ca. 20 Min. zu Fuß ab Parkplatz

Ausrüstung
Wanderschuhe; Badeschuhe, Ersatzkleidung, Handtücher; ggf. Picknickdecke

Information
bad-feilnbach.de/kur-und-tourismus

ABENTEUER

10

Der Weg zum Piratennest

Ein traumhafter Tag kündigte sich an. Weiße Wölkchen streiften über den blauen Himmel Bayerns. Die Strahlen der Sonne wärmten das Fell der Biber. »Der perfekte Tag für ein neues Abenteuer«, schoss es Biber Beppi durch den Kopf. Kurz darauf sprang die ganze Biber-Bande in den nahe gelegenen Bach. Die wilden Strudel waren wahrlich nur etwas für tauchfeste Biber, mutige Fische und fest verankerte Wasserpflanzen. Levi johlte vor Freude. Schiffsmaus Lino hingegen zog es vor, auf dem Rücken von Papagei Pio die Welt zu erkunden.

Krah … ACHTUNG! Ein Wehr voraus! Alle aus dem Wasser! Krah …

rief Papagei Pio gegen die warme Morgenbrise. Schnell waren alle Biber an Land.

Die Erfrischung hatte allen gut getan. Biber Beppi schüttelte sich einmal kräftig das Wasser aus dem Pelz, dann streckte er sich … »Hier riecht es nach Spiel, Spannung und Piratenabenteuern – genau das richtige für einen starken Biber wie mich. Levi, kommst du mit? Lass uns schauen, was sich da hinter der Hecke verbirgt.«

Wenige Minuten später staunte die Biber-Bande nicht schlecht. Biber Beppi hatte einen guten Riecher – dort lag ein fantastischer Spielplatz, der nur auf die Eroberung zu warten schien.

Ich liebe das Rauschen der Mangfall ...

Das war genau das Richtige für Großmutter Frida.

Sie schnappte sich gleich die nächste Bank und beobachtete, wie die wilde Bande das Stelzenhaus stürmte und die Rutsche hinunterschlitterte. Schon bald war die ganze Biber-Bande quer über den Spielplatz verteilt.

Papagei Pio war neugierig geworden und erkundete die Umgebung. Eine Viertelstunde später kam er ganz aufgeregt zurückgeflogen:

Krah ...

Piratennest am Fluss gesichtet!

KRABIMBS...

krabumbs...

WER KOMMT MIT?

fragte Papagei Pio in die Runde. Natürlich wollte sich das niemand entgehen lassen. Eiligen Schrittes folgten sie Papagei Pio durch die Straßen, eine Böschung hinauf und dann sahen sie es ... Pause – alle Biber hielten die Luft an.

»Wow. Ein echtes Piratennest! Direkt am Fluss«, sprudelte es aus Hano Holzbein heraus. »Ja, und schau doch – dort im Steinkreis könnten wir heute Abend Stockbrot grillen«, kam es Großvater Pino gleich in den Sinn. »Oder jetzt gleich ein deftiges Picknick machen?«, fragte Gerti Gute-Nudel in die Runde. Da waren alle gleich mit dabei.

Gesagt, getan. Zuerst eroberten sie das verlassene Piratennest, dann wuschen sie sich ihre staubigen Pfötchen im kühlen Wasser, um schließlich gemeinsam über den mitgebrachten Proviant herzufallen. Das war ein Festschmaus, kann ich euch sagen. Die Biber schmatzten und schlürften – na ja, wie echte Piraten-Biber das eben so machen! In Windeseile war alles verputzt. Bis auf ein paar Krümelchen blieb den Ameisen dort nicht mehr viel übrig.

Der breite Fluss lockte die Biber und sie beschlossen ihm zu folgen. Kommt ihr mit und findet heraus, welches neue Abenteuer nun auf die Biber wartet? Dann ... aus der Bahn, ihr Ungeheuer, jetzt geht's los ins Abenteuer! »

Felsenklettern ist nicht ohne – da muss Papa einfach mit!

DER WEG ZUM PIRATENNEST

10 

Eine Entdeckerwanderung für Neugierige

Im **Abenteuer 10** wandert ihr auf den Spuren der Biber-Bande am sprudelnden Triftbach entlang bis zum sanften Plätschern der Mangfall. Auf eurem Weg entdeckt ihr nicht nur zwei wundervolle Spielplätze, sondern auch ein echtes verlassenes Piratennest. Wahnsinn!

Wir starten unser heutiges Abenteuer, indem wir den Parkplatz an der Therme verlassen und dem Fußweg am Parkhaus vorbei folgen. Wir wenden uns nach rechts und überqueren die Brücke am Wehr des Triftbachs. Dort biegen wir nach rechts ab. Nach wenigen Metern geht die Straße in einen Fuß- und Radweg entlang des Triftbachs über. Schon bald erreicht ihr den ersten Spielplatz.

Nach ausgiebigem Toben verlassen wir das Spielareal Soinstraße, um nach links abzubiegen in die Sulzbergstraße. Bereits an der ersten Kreuzung wenden wir uns nach links und folgen der Wendelsteinstraße südwärts bis zum Mangfalldamm. Wir erklimmen die Anhöhe und genießen von oben den Ausblick. Vor uns liegt die Mangfall, im Hintergrund erstreckt sich ein Wäldchen und das Bergpanorama der Alpen lässt sich schon erahnen. Direkt am Flussufer befindet sich ein abgeflachter Bereich. Hier finden wir den Steinkreis und das Piratennest. Die großen Steine am Pfadende hinter dem Piratennest laden zum Wasserplantschen (unter Aufsicht eines Erwachsenen) ein.

Die Neugierde treibt uns weiter flussabwärts. Es riecht nach neuen Abenteuern! Und tatsächlich entdecken die Kinder bereits nach wenigen Minuten Fußmarsch auf der linken Seite einen Kletterspielplatz mit Wasserspielbereich, ein Beachvolleyball- und ein Fußballfeld sowie einen Basketballplatz. Hier dürfen nahezu alle verbleibenden Kräfte

Zwei Mutige
im Piratennest!

ausgespielt werden, denn der Großteil der Rundtour ist geschafft.

Wir verlassen das Freizeitgelände über die Kranzhornstraße und folgen dieser nach rechts (flussabwärts). In der Kurve biegen wir nach links ab. Am Ende der Straße wenden wir uns nach rechts und überqueren die Brücke, die schon nach wenigen Metern auf der Heubergstraße auf uns wartet. Auf der anderen Uferseite angekommen, sehen wir bereits den Fußweg, der zwischen dem Triftbach und dem Parkhaus liegt. Diesem folgen wir und umrunden das Parkhaus, um zu unserem Ausgangspunkt (P1 Parkplatz an der Therme) zu gelangen.

EXTRA-TIPP

Hochzeit der wilden Flüsse

Wer die Tour gerne noch etwas verlängern möchte, der folgt ab dem Wasserspielplatz einfach dem Fuß- und Radweg entlang der Mangfall flussabwärts. Schon bald seid ihr an dem Punkt angekommen, an dem sich die beiden Gewässer, der Triftbach und die Mangfall, vereinigen. Von hier fließt das Wasser unter dem Namen Mangfall weiter in Richtung Rosenheim, wo es dann letztendlich in den Inn mündet. Es empfiehlt sich, die Kinder unter ständiger Aufsicht zu halten oder Kleinkinder an die Hand zu nehmen, da die Vereinigung recht reißerisch vonstattengeht. Ein tolles Spektakel, bei dem der Triftbach eine richtige Welle mit ordentlichem Sog wirft. Aber eben auch gefährlich!

Wir verlassen den Ort des Spektakels und biegen nach der Bank rechts ab. Direkt vor der Brücke über den Triftbach folgen wir dem Abenteuerweg flussaufwärts. Der schmale Weg wird später, ab dem Wendehammer Kinderwagen- und Laufrad-tauglich. Wir folgen dem Pfad bis zur nächsten Brücke. Hier überqueren wir den Triftbach. Auf der anderen Brückenseite angekommen, erwartet uns bereits auf der linken Seite der Fußweg neben dem Parkhaus an dem Eisstadion, welcher uns zu unserem Ausgangspunkt zurückbringt.

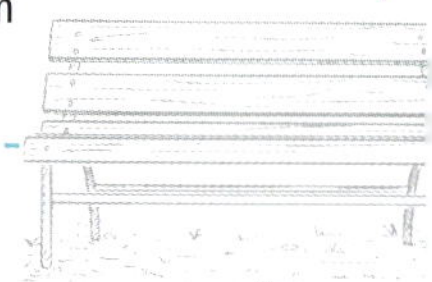

1,8 km | flach | 25 Min.

Alles auf einen Blick

Tourencharakter
Entdeckerwanderung, flache Tour, sonnig, nicht nach Starkregen oder bei hohen Flussständen gehen!
Extratipp: vorwiegend schattig, Strecke 1,3 km, Dauer 20 Min.

Ausgangs-/Endpunkt
Parkplatz an der Therme (P1)
Lindenstraße 32
83043 Bad Aibling
GPS: 47.858196, 12.004504 (P1), 47.857224, 12.001446 (Spielplatz Soinstraße), 47.856051, 11.998705 (Piratennest/Lagerfeuerstelle), 47.855180, 12.002520 (Spielplatz Kranzhornstraße)

Anfahrt
Auto: Auf A 8 bis Ausfahrt 100a Bad Aibling fahren. Abbiegen auf St 2089 bis nach Bad Aibling. Parkmöglichkeiten gibt es an der Therme (P1)

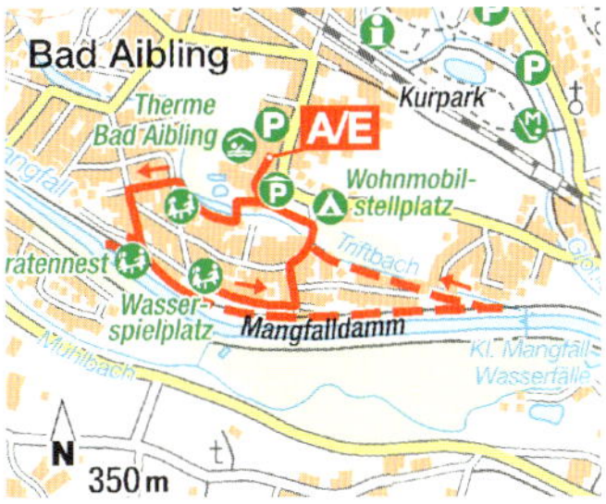

oder alternativ am Eisstadion (P2), Lindenstraße 40.
Bus/Bahn: Um vom Bahnhof Bad Aibling zum ca. 600 m entfernten Ausgangspunkt zu kommen, dem Fuß- und Radweg an den Schienen ostwärts folgen. Auf der Lindenstraße südwärts, bis zur rechten Seite die Therme und das Eisstadion liegen.

Öffnungszeiten
Ganzjährig geöffnet, Wasserspielgeräte nur Juni bis September in Betrieb

Beste Zeit
Ganzjährig

Einkehr
Nur im Café der Therme (Ausgangspunkt), mehrere Restaurants im Stadtzentrum Bad Aibling, fußläufig ca. 15 Min.

Ausrüstung
Wanderschuhe, Picknickdecke, Ersatzkleidung, Handtücher; Kettcar /Laufrad; ggf. Frisbee, Volley-, Basket- oder Fußball, Boule-Spiel o. Ä.; zur Nutzung der Lagerfeuerstelle ist es zwingend erforderlich, eigenes Brennholz und – ganz wichtig – einen Eimer zum Löschen mitzunehmen.

Information
rathaus.bad-aibling.de
(Suchbegriff: Kur-und-Touristinformation)

ABENTEUER

11

Das Geheimnis der Kreisel-Höhle

Beppi, hast du das auch gehört?«, fiepte Lino, die kleine Schiffsmaus, und kroch neugierig unter Biber Beppis Piratenhut hervor. Die Maus streckte sich einmal kräftig. Dann kratzte sie sich an der Nase. »Wie lange hab ich eigentlich geschlafen? Wo sind wir hier?«, fragte sie.

Quack ... Quack ... Quack.«

Hier gibt's koanen Bootssteg, auf dem Schiffsleutwanderweg.

(Kurze Pause, dann ein leises Kichern.)

»Hihi, das reimt sich ja!«

»Auf dem Schiff - is - heut - Waaa - n - der - weg!?!«, las Oma Frida langsam vor. Ihre Augen waren nicht mehr die Besten und sie hatte heute ihre Brille vergessen. »Häh? Was für'n Schiff ist weg? Wo soll'n hier'n Schiff anlegen? Die spinnen ja!«, raunzte Opa Pino. »Nein, wartet mal. Ah – jetzt hab ich's: Schiffsleut Wanderweg.« »Komisch, ich seh hier weder ein Schiff noch Leut und schon gar keinen Hafen weit und breit«, meinte Levi. Der kleine Biber guckte sich um. Da entdeckte er den singenden Frosch, der immer noch fröhlich vor sich hin summte.

»Guten Morgen, Herr Frosch, wissen Sie vielleicht, was hier los ist? Haben Sie in Ihrem Teich ein Schiff gesehen?«, fragte Gerti Gute-Nudel den grünen Hüpfer.

»Quack. Also, ein Schiff, quack, hab ich hier noch nie gesehen. Aber meine Oma hat mir oft aus alten Zeiten erzählt. Vor unglaublich langer Froschzeit, als man noch nicht wusste, wann der Tag eigentlich beginnt und die Nacht genau endet, da war hier

Auf Forschungsreise in der Kreisel-Höhle...

noch ein tiefblaues Meer, quack, mit Muscheln und Salzwasser. Tief unten in meinem Teich gibt es sogar noch Versteinerungen aus dieser Zeit – solche, wie da auf der Schautafel abgebildet sind. Dann, als unendlich viele Jahre vergangen waren und das Meer lange fort war, kamen die Menschen und klopften hier dicke Steine aus dem Felsen, sagte meine Oma.

Damals mussten alle Frösche diesen schönen Ort verlassen. Sie wollten damit Häuser bauen und den großen reißenden Fluss verändern. »Inn« nennen die Menschen den, glaube ich. Komisch, diese Menschen, denn viele Jahre später, als die Frösche diesen Ort schon fast vergessen hatten, kamen neue Menschen. Die haben dann für Ruhe gesorgt, Bäume gepflanzt und meinen Teich gebaut. Aber meinst du, mich hätte mal einer gefragt, ob ich hier einziehen mag?

Nein! Plötzlich kam ein großes Netz und schwuppdiwupp war ich in einem dunklen Eimer. Als ich wieder aufwachte, war ich in diesem Teich. Aber ehrlich gesagt, war das *das Beste*, was mir jeee...mals passiert ist, weil es gibt keinen besseren Ort für einen singenden Frosch wie mich. Ich bin ein Künstler – versteht ihr? Und ein Musiker braucht stets frisches Publikum! Hier kommen immer wieder neue Leute vorbei und hören mein Lied. Was kann es Besseres geben für einen Sänger?« Zufrieden schaute der Frosch Gerti an, lächelte, hüpfte ins Wasser und war verschwunden.

Die Biber-Bande schaute sich verdutzt an. Na, was war *das* denn? So viele Informationen hatten sie nun nicht erwartet. Plötzlich platschte es laut und der Frosch war wieder da. Fröhlich quakend hüpfte er auf einen Stein, dann über Biber Beppi hinweg auf Leutnant Levi und landete letztlich auf Großvater Pinos Schulter.

»Ich hab gerade noch mal nach dem Weg gefragt. Also, wenn ihr nun da hinten die Stufen hochgeht und dann gaaa...nz laaa...nge in die Richtung, dann ist da oben auf dem Berg die geheimnisvolle Kreisel-Höhle. Meine Füße sind zu klein, aber vielleicht findet ihr ja heraus, was es damit auf sich hat. Ach, und Opa sagt, ein Spielplatz liegt auch auf halbem Weg. Wäre *das* nicht ein spannendes Abenteuer für euch?«, quakte der Frosch.

Die Biber guckten sich an. Alle nickten. Und schon wenige Minuten später waren sie auf und davon.

Wollt ihr mit zur »Kreisel-Höhle«? Dann ... aus der Bahn ihr Ungeheuer, jetzt geht's los ins Abenteuer! »

DAS GEHEIMNIS DER KREISEL-HÖHLE

11

Eine Entdeckerwanderung auf den Spuren vergangener Zeiten

Im Abenteuer 11 wandert ihr mal hoch, mal runter, denn auch Stufen machen munter. Ihr entdeckt ein kleines Geotop auf dem Schiffleutwanderweg, tobt über einen schönen Spielplatz und lüftet das Geheimnis der Kreisel-Höhle.

Wir starten unsere Tour auf dem Parkplatz des Friedhofs. Zunächst gehen wir über die Pinswanger Straße zurück in Richtung Dorfstraße, über die ihr vermutlich angereist seid. Wir queren die Dorfstraße und gehen die Hepfengrabenstraße bergab. (Wem ein paar Stufen nichts ausmachen, der kann den kleinen Abenteuerweg auf der rechten Seite hinuntergehen, dieser endet in der Sackgasse Eckbichl. Folgt man der Eckbichlstraße weiter, trifft man wieder auf den für Kinderwagenfahrer empfohlenen Weg.) Am Ende der Hepfengrabenstraße beginnt ein Waldstück. Hier biegen wir auf den geschotterten Fußweg nach rechts ab und folgen diesem bis zum Ende. Dort treffen wir auf einen Wendehammer, an dessen Ende ein kleiner Weg durch einen Mini-Park nach rechts auf die Geigerstraße führt. Hier biegen wir nach links ab und treffen dort bereits nach wenigen Metern auf die Eckbichlstraße, von der unsere Abenteurer gekommen sind. Wir biegen nach links auf die Eckbichlstraße ein und folgen dieser um die Ecke (wie der Name schon sagt) nach rechts. Auf der Hauptstraße (Auerstraße – Achtung auf den Verkehr. Hier Kinder nicht vorlaufen lassen!) angekommen, biegen wir nach rechts ab. Nach ca. 50 Metern befindet sich der Eingang ins Geotop Geiger Hölzl

Wusstet ihr,
dass hier bis vor ca. 45 Millionen Jahren ein Meer war? Wollt ihr mehr erfahren, dann schaut euch mal im Geotop Geiger Hölzl um.

und zum Schiffsleutwanderweg auf der rechten Seite. Hier angekommen, können die Kinder frei toben und rennen. Sie können die Schautafel mit den versteinerten Muscheln suchen und dann die Treppe am Ende des Geotops erklimmen. Dort oben ist es ratsam, noch mal für eine Trinkpause auf der Bank innezuhalten und sich für die nächste Etappe zu stärken.

Wir folgen dem Weg bergab und queren erneut die Dorfstraße (Achtung fließender Verkehr!) auf die Straße Langweid.

Hier laufen wir durch das Wohngebiet (ohne Bürgersteig!). Am Ende der Straße biegen wir nach rechts auf den Georg-Wiesböck-Ring ab. Dieser schlängelt sich den Berg hinauf. In der zweiten Gegenkurve besteht für Abenteurer wieder die Möglichkeit, den Weg über Stufen abzukürzen. Kinderwagenschieber folgen weiter der Straße, bis sich der Georg-Wiesböck-Ring nach dem Gebäude der Hausnummer 6 teilt. Dort folgen wir der Straße nach rechts bis zur Sackgasse. Hier nehmen wir den geheimen Fußweg zur Landerstraße (dort enden die Stufen, über die die Abenteurer vorhin hochgekommen waren). Wir folgen der Landerstraße ein kleines Stück und entdecken bereits nach wenigen Metern den Zuweg zum Spielplatz auf der rechten Seite. Der perfekte Ort für einen Zwischenstopp zum Spielen, Toben, Schaukeln und Brotzeitmachen.

Nur Fliegen ist schöner!

Nach einer gelungenen Erholungspause gehen wir den Weg zum Gebäude Georg-Wiesböck-Ring, Hausnummer 6, wieder zurück. Dort biegen wir nach rechts ab und folgen dem Georg-Wiesböck-Ring weiter bergauf, bis wir letztendlich an der Landstraße »Am Bürgl« ankommen. Wir folgen der Landstraße nach links, ortsauswärts, hierbei empfiehlt es sich auf dem Grünstreifen am Straßenrand zu gehen. Bereits nach ca. 100 Metern führt uns ein Forstweg auf der rechten Seite in den Wald. Diesem folgen wir weiter bergauf. Auf dessen Kuppe befindet sich links der Mühlsteinbruch Hinterhör. Am besten lasst ihr den Kinderwagen oder das Laufrad oben stehen und steigt zu Fuß in das Geotop hinab.

Hier gibt es interessante Informationen zur Geschichte dieses Ortes. Die Kinder lieben es, sich in die kreisrunden Löcher zu setzen. Bei viel Regen kann sich auch schon mal Wasser im Steinbruch sammeln. Ein Ort für unvergessliche Fotoaufnahmen. Lasst eurer Fantasie freien Lauf!

Wieder oben am Kinderwagen oder Laufrad angekommen, habt ihr den höchsten Punkt der Tour erreicht. Von nun an geht es nur noch bergab (Laufrad ggf. schieben – ist schon etwas steiler!). Wir genießen den Ausblick und folgen der Hinterhörerstraße bergab, bis uns diese direkt wieder zurück zum Friedhofsgelände führt, an dessen angrenzendem Parkplatz unser Auto bereits auf uns wartet.

EXTRA-TIPP
Baden mit Alpenpanorama

Wer sich nun nach einer Abkühlung sehnt, für den ist der Neubeurer See genau das Richtige. Der beschauliche See liegt am Ortsende von Neubeuern und besticht mit einem herrlichen Ausblick in die Berge.

Hier gibt es einen kleinen Kiosk (nur in den Sommermonaten geöffnet), Toiletten, eine Minigolfanlage, ein Volleyballfeld und einen überdachten riesigen Sandkasten.

Ein Abstecher zum Ausklang eines ereignisreichen Tages lohnt sich hier immer – egal zu welcher Jahreszeit!

Dieser See ist schnell umrundet und grenzt direkt an den Inndamm, auf dem sich herrlich spazieren lässt.

Adresse: Parkplatz Neubeurer See (kostenpflichtig), Wasserleite 10, 83115 Neubeuern

3,3 km

50 Hm

50 Min.

Alles auf einen Blick

Tourencharakter
Entdeckerwanderung, Tour mit Steigungen, Kraxe empfohlen; wenn man bereit ist, ein paarmal die Treppen hochzutragen oder einen Umweg zu nehmen, klappt es auch mit Laufrad oder geländegängigem Kinderwagen gut
Extratipp 1: Badesee, Minigolf, Tischtennis, sonnig mit Schatten

Ausgangs-/Endpunkt
Parkplatz am Friedhof
Hiererweg 7
83115 Neubeuern
(Ortsteil Altenbeuern)
GPS: 47.778519, 12.149736 (Parkplatz), 47.781136, 12.145766 (Geiger Hölzl), 47.781728,12.150444 (Spielplatz Haimgarten), 47.778245, 12.156345 (Kreisel-Höhle)

Anfahrt
Auto: Auf A 8 bis Ausfahrt 103 Rohrdorf fahren, dann weiter in Richtung Rohrdorf/Neubeuern auf St 2359 bis zum Parkplatz am Friedhof.

Bus/Bahn: Sehr schlecht angebunden – nicht zu empfehlen

Öffnungszeiten
Ganzjährig geöffnet

Beste Zeit
Mai bis Oktober

Einkehr
Kiosk am Badeplatz Neubeurer See bei schönem Wetter im Sommer geöffnet;
Restaurants in der Altstadt von Neubeuern

Ausrüstung
Wanderschuhe, kletterfähige Bekleidung; für **Extratipp:** Badesachen, Picknickdecke, Handtücher, Ersatzkleidung, Sandspielzeug, Volley- oder Fußball, Boule-Spiel, Frisbee o. Ä.

Information
kulturdorf-neubeuern.de

ABENTEUER

12 Am Philosophenwasserfall

ACHTUNG

Bitte nur bei trockener Witterung begehen. Kurz vor, während und direkt nach der Schneeschmelze oder Starkregen ist die Tour aus Sicherheitsgründen nicht zu empfehlen!

Hej, ho, jucheee,
wie ist das Leben scheee.
Jubidubiduuu …
Ein Elf träg Blätterschuuuh.
Der Bärlauch wächst im Walddd,
da is' sche feucht und kalttt.

Sangen mehrere krächzende Stimmchen aus voller Kehle im Chor.

Biber Beppi suchte verwundert das Schiff ab. Da war aber nichts! Er schaute in die Wipfel der Bäume neben dem Landungssteg des Schiffs. Auch dort fand er niemanden! Wo kam der Gesang nur her?
Keine Frage, *das* war eine Aufgabe für die Biber-Bande. »Alle Mann von Bord! Legt die Leinen an! Lasst uns erkunden, wer da so schief singt!«, brüllte Hano Holzbein gegen den eben aufkommenden Wind.

»Ja, wie eine blecherne Gießkanne bei Sturm!«, bekräftigte ihn Leutnant Levi.

Gesagt, getan. Bereits wenige Minuten später war die versammelte Meute an Land. Sie überquerten die Straße zum alten Vierseithof der Post. Vor dem Hof saß ein kleiner Junge. »Bohrt der etwa in der Nase???«, fiepste Schiffsmaus Lino und spuckte dabei fast den Keks aus, den er gerade genüsslich schmatzend verspeiste. Da öffnete sich knarrend das große Holzportal mit dem goldenen Löwenkopf. Eine kleine, gebückt laufende Frau kam heraus. »Pssst, du da, sei nur still! Das war die Berghexe der Wolfsschlucht! Die hat den armen Bub und den Postmann dort drüben letzte Woche aus Versehen in Statuen verwandelt. Die Hexe ist schon etwas in die Jahre gekommen. So verwirrt, wie sie nun ist, verwechselt sie schon mal die Zaubersprüche.
Geht schnell weiter, damit sie euch hier nicht sieht! Doch macht euch keine Sorgen – die Wald- und Wasser-

Was für ein Ausblick! (kleine Panoramatour)

elfen sammeln schon den Bärlauch am Wasserfall für den Gegenzauber. Hört ihr sie singen?«
Elfen?! Ein Wasserfall?! Das musste sich die Biber-Bande genauer ansehen.

Nun gab es kein Halten mehr. Flink liefen sie um das alte Postgebäude und folgten dem schmalen Trampelpfad hinter dem hölzernen Schuppen.

Am Ende des Örtchens rannten sie über die breite hölzerne Brücke, immer dem Bacherl folgend, das, leise säuselnd, unaufhörlich ins Tal sprudelte. Über Stock, über Stein, über Wurzeln und allerlei Laub und Geäst führte der breite Trampelpfad den Berg hinauf. Leutnant Levi überholte Lino am dritten Baum. Er war der Erste, der über den Steg balancierte. Rauschend floss das Wasser in vielen kleinen Kaskaden vom »großen Madron« hinab.

Kurze Zeit später war die ganze Biber-Bande versammelt. Gerti GuteNudel gab eine Runde Saftschorle an die durstigen Biber aus.

Knacks, Schlurfff, Fluupp … (Stille). »Habt ihr das auch gehört? Da war doch was?«, flüsterte Frida. Biber Beppi setzte sofort seinen Forscherhelm auf. Gemeinsam mit Leutnant Levi machte er sich auf die Suche.

Die Höhle wurde immer enger und dunkler. Nein, hier war nichts!

»Hey, ihr da! Kommt da sofort raus! Im Moment ist keiner zu Haus. Ihr steht ja mitten im Haus der Waldelfen. Raus da! Dort, im oberen Felsenloch, schlafen des Nachts die blauen Wasserelfen. Im Moment bereiten sie alle gemeinsam die Zutaten für den großen Zauber vor. Nur ich wache hier und verscheuche die lästigen Eichhörnchen, die immer in den weichen Elfenbettchen schlafen wollen. Soll ich euch davon erzählen?«, japste ein kleiner dunkler Käfer, der anscheinend viel schneller gelaufen war, als ihm guttat.

Das ließen sich die Biber nicht zweimal fragen. Schon saßen sie auf dem Boden und lauschten der Geschichte. Der Käfer erzählte, wie die Wasserelfe Wila heute Morgen das zarteste Rauschen einfing, von Erik, dem Eichhörnchenkönig, der waghalsig das goldene Blatt pflückte und von den Waldelfen, die Unmengen an Bärlauch zusammentrugen, um den Bann der Hexe zu brechen.

Wollt ihr mit auf Entdeckertour am Fuß des »großen Madron«? Dann … aus der Bahn, ihr Ungeheuer, jetzt geht's los ins Abenteuer! »

AM PHILOSOPHENWASSERFALL

12

Eine Bergwanderung direkt am Wasserfall

Im Abenteuer 12 durchwandert ihr die Wolfsschlucht, am Fuße des »großen Madron«, auf der Suche nach den Philosophenwasserfällen. Ein rauschendes Bergbacherl erwartet euch!

Das Zauberkraut: Bärlauch

Nachdem wir unser Auto auf dem öffentlichen Parkplatz am Bahnhofsplatz geparkt haben, finden wir wenige Gehminuten entfernt, im Ortskern, den 1802/1803 errichteten markanten Vierseitbau der »alten Post«. Dieser bildet den Ausgangspunkt unserer heutigen Erkundungstour.

Die Statue des alten Posthornbläsers weist uns den Weg. Dort biegen wir in die den Vierseitbau umgebende Seitenstraße ab. Rechts neben dem großen Bauerngehöft (Falkenbergstraße 2) führt ein schmaler Fußweg hinter einem Holzschuppen vorbei. Diesem folgen wir bis über die Markbachbrücke. Wir gehen weiter auf der Markbachstraße in Richtung Berg. Am Fuße des Berges (Haltepunkt A) queren wir den Markbach über eine breite Brücke und folgen dem Wanderweg (Richtung Hohe Asten) entlang dem Bachbett in den Wald. An der Fischzuchtanlage weist uns eine kleinere Brücke den Weg. (Hier ist eine tolle Gelegenheit für sicheres Spielen im Wasser.)

Wir folgen dem breiten Trampelpfad, immer an dem rauschenden Gewässer entlang. Nach wenigen Gehminuten erreichen wir

VARIANTE A: Kleine Panoramatour

Am Haltepunkt B umrunden wir den großen Felsen nach links und folgen dem breiten Wanderweg. Dieser führt uns hinaus aus dem Wald. Hier eröffnet sich uns ein traumhafter Ausblick auf das umliegende Alpenpanorama. Wir folgen dem breiten Weg über die Wiese zum Feldweg, der uns über die Falkenbergstraße hinein in den Ortskern von Fischbach am Inn führt. Wenn ihr dem Verlauf der Straße stetig folgt, findet ihr im Handumdrehen zurück zum Vierseitbau der »Alten Post« (Ausgangspunkt) und zum nahe gelegenen Spielplatz.

Wer kommt
mit zum
Pritscheln?

die ersten Kaskaden. Ein Holzsteg führt uns über den Bach. Hier sind auch die beiden kleinen Höhlen im Fels gut zu erkennen (Haltepunkt B).

Familien mit Kleinkindern oder nicht trittsicheren Familienmitgliedern empfehlen wir nach einem ausgiebigen Plantschen (nur bei Niedrigwasser!) im seichten Bereich des Baches (unterhalb der Brücke) die kleine Panoramatour (Variante A). Familien mit versierten und bereits vernünftigen Sprösslingen können bei guter Witterung und trockenen Bodenverhältnissen dem Weg entlang des Wassersturzes folgen (Variante B, siehe Extratipp).

VARIANTE B: Große Wasserfalltour

Diese Tour ist nur Familien mit vernünftigen und trittsicheren Familienmitgliedern zu empfehlen.

Am Haltepunkt B folgen wir dem Weg nach rechts bergauf. Der Weg führt teils recht steil und ungesichert sehr nah am Wasserfall vorbei. Ein ausreichender Abstand sollte stets gewahrt bleiben.

Wer sich dieser Herausforderung gewachsen fühlt, der wird mit einer wunderbaren Bergwanderung entlang der vielen Kaskaden der Philosophenwasserfälle in der Wolfsschlucht belohnt.
Nach einiger Zeit führt eine schmale, gitterbeplankte Brücke über den Bachlauf. Ein guter Ort für ein Picknick auf der Bank und eine schöne Gelegenheit, die Kinder im seichten Wasser, gut beobachtet, spielen zu lassen.

Nach verdienter Erholungspause folgen wir **NICHT** dem Trampelpfad auf der Bachlaufseite, sondern gehen über das schmale Brücklein zurück auf den Weg, von dem wir gekommen sind.

Diesem folgen wir nun stetig weiter bergan. Er führt uns vorbei am großen Steinbruch. Hier bitte Warnsignale beachten und gegebenenfalls in Deckung gehen!

Am oberen Teil des Steinbruchs angekommen folgen wir links dem Forstweg jenseits der hölzernen Brücke den Berg hinab. Am Fuß des Berges überqueren wir das Gelände des AGH Prientaler Agrarhandels, um auf die Markbachstraße zu gelangen.

Bereits nach wenigen Metern erreichen wir dort den Haltepunkt A. Mal sehen, ob die Kinder den Weg vom Anfang der Tour zurückfinden.

1,3 km | 60 Hm | 20 Min.

Alles auf einen Blick

Tourencharakter
Wasserspieltour mit Aussicht, schattig, am Anfang und am Ende sonnig, zum Teil wurzeliger Waldweg, nicht kinderwagengeeignet
Extratipp: Bergwanderung mit Steigung, zum Teil wurzeliger Waldweg, schattig, Strecke 1,9 km, Dauer 45 Min., Höhenunterschied 130 m;
Achtung: Bitte nur bei trockener Witterung begehen. Kurz vor, während und direkt nach der Schneeschmelze oder Starkregen ist die Tour, aus Sicherheitsgründen, nicht zu empfehlen!

Ausgangs-/Endpunkt
Vierseitbau »Alte Post«
Kufsteiner Straße 84
83126 Flintsbach am Inn (Ortsteil Fischbach am Inn), GPS: 47.712926,

12.142326 (»Alte Post«), 47.708796, 12.140123 (Anfang Wasserfälle)

Anfahrt
Auto: Auf A 93 Ausfahrt 58 Brannenburg nehmen. In Richtung Brannenburg fahren, dann weiter auf St2089 bis Fischbach am Inn. Einen öffentlichen Parkplatz gibt es am Bahnhofplatz 2.

Bus/Bahn: Sehr schlecht angebunden – nicht zu empfehlen

Öffnungszeiten
Ganzjährig geöffnet

Beste Zeit
Mai bis Oktober

Einkehr
Café in Gebäude »Alte Post«

Ausrüstung
Wanderschuhe, Kraxe; Ersatzkleidung, Handtuch; ggf. Tischtennisschläger, Ball

Information
flintsbach.de

ABENTEUER

13

Im Goldrausch

Die Luft war erfüllt vom Zirpen der Heuschrecken, vom Summen der Bienen, vom Schmatzen der Schafe und vom wohltuenden Duft der Bergkräuter. Fasziniert blickte Biber Beppi aus der Sesselbahn. Ganz klein wurden die Häuser im Tal, als er sich umblickte. Genau wie Großvater Pino es ihm in seinen Geschichten erzählt hatte.

»Fantastisch!«, murmelte er kaum hörbar in die klare Frühlingsluft. Leise knirschte der Schotter unter den Füßen des kecken Piraten-Bibers, als er dem Weg aus der Seilbahn folgte. »Zuerst müssen wir die kleinen Zicklein dort drüben füttern. Kommt schon, Leute, helft mir die langen Grasbüschel abzupfen!«

Ein Ort, wie er schöner kaum sein konnte. Die Wiese war saftig grün, kniehoch und durchzogen von den farbenprächtigsten Wildblumen. Die Wolken hatten sich verzogen und ein Hauch von Abenteuer lag in der Luft … Während Haudegen Pino die schweren Sandsäcke vom Liftvorsteher abholte, raste die wilde Bande bereits los. Hano Holzbein erkundete die Umgebung. Die Schiffsköchin Gerti Gute-Nudel fand ihren Platz im nächstgelegenen Strandkorb.

Das Großmütterlein Frida erfrischte ihre Füße im kühlen Nass, während Schiffsmaus Lino bereits hoch oben auf dem höchsten Mast des hölzernen Abenteuerspielplatzes Ausschau hielt.

Hallo Ziege, magst du Klee?

Piraten sind immer auf der Suche nach Gold und Edelsteinen …

Macht euch auf den Weg, Piraten!

Doch diese Idylle währte nicht lange. Biber Beppi hatte ein seltsames Rauschen entdeckt. »Ah!!! Die Goldwaschanlage«, jubelte er. Kurz darauf war bereits die ganze Biber-Bande mit Haut und Haar dem Goldrausch verfallen! Es wurde geschwenkt, es wurde gesiebt, es wurde gewühlt, das Wasser floss in Strömen. Eine heikle Aufgabe, die viel Geschick und ein waches Auge erforderte.

»Großvater, komm schnell!!! Hab ich einen Edelstein gefunden? Ist das ein blauer Achat?«, brüllte Leutnant Levi aufgeregt und schwang sich geschickt hinüber zu Pino. Denn mithilfe der Schatzerkennungskarte konnte der erfahrene Biber jeden noch so kleinen Edelstein erkennen und benennen. »Nein, nein, mein Junge, dies ist ein Sodalith«, brummte er mit rauer Stimme.

Eine Stunde später ruhten die Schätze wohl verwahrt in Hanos Lederbeutel. Die Piraten-Biber saßen mampfend und schmatzend im Gras. Das Gold- und Edelsteinwaschen hatte sie hungrig gemacht.

Was die Biber jedoch zu diesem Zeitpunkt noch nicht wussten: Dies war erst der Anfang eines langen, schönen Tages, an dem sie noch so manches Rätsel lösen würden. Denn wer sind denn die Brünnsteinzwergerl? Was ist ein Heppei? Und ist ein Tatzelwurm wirklich gefährlich?

Wollt ihr mit auf Abenteuertour am Hocheck im Brünnsteingebirge? Dann … aus der Bahn, ihr Ungeheuer, jetzt geht's los ins Abenteuer! »

Wie fantastisch ist das denn, bitte?

13

Eine Bergwanderung mit Suchtfaktor

Im Abenteuer 13 bezwingt ihr einen Berg der besonderen Art, denn um den Brünnstein ranken sich viele Sagen und Geschichten. Doch gebt gut acht, sonst verfallt ihr dem Goldrausch!

Wir parken unser Auto auf dem öffentlichen Parkplatz neben der Talstation der Sesselbahn Hocheck.

Wer mit Hund oder größeren Kindern unterwegs ist, dem sei empfohlen sich in der Talstation eine Karte abzuholen und den Weg der Winterrodelbahn hinaufzugehen. Dieser beginnt rechts vom Parkplatz in direkter Nähe zur Talstation. Wir entscheiden uns heute für die Sesselbahn. Als wir die Treppen zum Lifteinstieg erklommen haben, finden wir bereits das erste Highlight unserer Tour – einen Kletterspielplatz. Doch der Berg ruft. So besteigen wir die Liftanlage und lassen uns gemütlich bis zur Endstation durch die Lüfte tragen.

Auf zur Sommerrodelbahn! Das wird ein Spaß!

Während wir die Kinder bereits zum Ziegenfüttern loslaufen lassen, kaufen wir beim Liftvorsteher die Sandsäcke für die Gold- und Edelsteinwaschanlage. Bereits nach wenigen Metern haben wir den Berggasthof Hocheck erreicht. Gemeinsam waschen wir die Schätze aus dem Sand, erstürmen den hölzernen Spielplatz und ruhen uns nach einer Erfrischung im Kneippbecken im Strandkorb aus.

EXTRA-TIPP

Tourverlängerung: Nur nicht den Kopf verlieren

Oberhalb des Ziegengeheges führt der gut ausgeschilderte Weg den Berg hinauf. Wer als Erster das Königsspiel erreicht, darf schon mal loslegen, das Rätsel zu lösen. Die Route führt uns weiter bergan. Nach dem Drehkreuz erwartet uns bereits die erste Sage und ein weiterer Spielplatz lädt zum Verweilen ein. Bergliebhaber sollten hier die letzten Meter noch weitergehen bis zum bergseitigen Ende des Sagenweges – dem »Gletscherblick«. Gemütlich laufen wir auf demselben Weg wieder hinab zum Gasthof. Der Blick ins Tal und die umliegenden Berge ist zauberhaft.

Nach kurzer Einkehr auf der Sonnenterrasse des Gasthauses Hocheck folgen wir dem Spiel- und Sagenweg, der hinter dem Haus bergabführt. Immer wieder begegnen uns die Geschichten rund um den Brünnstein und nehmen uns mit in eine Zeit, als einst der Tatzelwurm noch lebte. Kurz unterhalb des Wenger Stadls mit seiner Kugelbahn müssen wir uns entscheiden. Gehen wir den Rest des Berges zu Fuß bergab oder folgen wir dem schmalen Weg über die kleine Brücke im Wald, um uns ins Tal tragen zu lassen? Hier ist für jede Altersklasse etwas geboten. Gegen Aufpreis kann man den Berg mit der Sommerrodelbahn hinunterrutschen, sanft mit der Sesselbahn den Berg hinabgleiten oder mit dem Flying-Fox mit anschließendem Besuch der Freefall-Rutsche mit integriertem Kreisel dem Geschwindigkeitsrausch verfallen. Egal für welche Variante ihr euch entscheidet, ihr werdet euch alle früher oder später an der Talstation wieder treffen.

Zum Abschluss entlocken an der Talstation die Reifenrutsche, die kleinen gelben Bagger und der Kletterspielplatz den Kindern weitere Kraftreserven, während die Eltern gemütlich im Café Almrausch das Ausklingen eines schönen Abenteuers genießen können.

1,8 km | 130 Hm bergab | 30 Min.

Alles auf einen Blick

Tourencharakter
Wasserspieltour, Tour mit Steigung, sonnig, Sesselliftnutzung empfohlen, dann muss man nur mehr bis zur Mittelstation bergab gehen, und kann mit Lift oder Sommerrodelbahn in Tal sausen (ansonsten bergauf ca. 280 Höhenmeter)
Extratipp: sonnig, Strecke 1,5 km, Dauer 30 Min., Höhenunterschied 75 m

Ausgangs-/Endpunkt
Bergbahn Hocheck
Carl-Hagen-Straße 7
83080 Oberaudorf
GPS: 47.647201, 12.167365 (Talstation Bergbahn Hocheck), 47.647458, 12.149092 (Goldwaschanlage), 47.646429, 12.142491 (Extratipp, Spielplatz)

Anfahrt
Auto: Auf A 93 Ausfahrt 59 Oberau-

dorf nehmen. Parkplätze sind nahe der Talstation der Bergbahn Hocheck ausgewiesen. **Bus/Bahn:** Vom Bahnhof Oberaudorf sind es ca. 1,1 km bis zum Ausgangspunkt.

Öffnungszeiten
Mitte Mai bis Mitte Oktober geöffnet, Spiel- und Sagenweg frei zugänglich; **Achtung:** Lift- und Goldwaschanlage sowie Sommerrodelbahn, Oberaudorfer Flieger und Freefall-Rutsche sind nur eingeschränkt saisonal von Mai bis Oktober, bei guter Witterung, in Betrieb! Bitte informiert euch vor Fahrtantritt über aktuellen Betrieb.

Beste Zeit
Mai bis Oktober bei schönem Wetter

Einkehr
Nähe Ausstieg Liftstation und an der Talstation nur bei Liftbetrieb im Sommer; zwei Ruhetage pro Woche, Öffnungszeiten vorab im Internet prüfen, ändern sich jährlich und nach Saison

Ausrüstung
Wanderschuhe, Kraxe; ggf. Picknickdecke, Ersatzkleidung, Handtücher

Information
hocheck.com

Schwonk, schwink …

rumps

ABENTEUER 14

Das versteckte Tipi

Der Baum fiel, das Geäst wich. Es war nicht zu überhören. Die Biber-Bande war auf Eroberungstour. Hano Holzbein schwang seinen silbernen Piratensäbel durch das Unterholz am Waldweg. Mit kräftigen Schritten bahnte sich die Meute den Weg durch den Wald. Es entstand ein Trampelpfad, der wohl noch Jahrzehnte zu sehen sein würde.

Als die Piraten-Biber nach mehreren Metern Wald und Dickicht auf einen rauschenden Bach trafen, folgten sie diesem gen Osten. Leise säuselnd, manchmal rauschend floss er sanft dahin. »Lasst uns auf Erkundungstour gehen! Hier riecht es nach Wasser, Abenteuer und Indianern. Ich will der Erste sein, der das Tipi stürmt«, prustete Lino los. Die kleine Schiffsmaus war ganz außer sich. Doch auch Biber Beppi wollte sich das nicht nehmen lassen und stürmte in eiligen Schritten an Großmutter Frida vorbei.

Tipi gesichtet! Kommt schnell!

So lieferte sich die wilde Bande ein Wettrennen, wie ihr es euch nicht vorstellen könnt. Im Sauseschritt flitzte Leutnant Levi den Uferweg entlang. Er folgte dem Wasser, wohin es auch fließen mochte. Doch auch Haudegen Pino stapfte in gewaltigen Schritten in Richtung Berge.

Am Ende war es allerdings Papagei Pio, der als Erster das erfrischende Kneippbecken mit der Entspannungsschaukel fand.

Hier gab es für alle erst mal eine kleine Stärkung. Gerti Gute-Nudel verteilte Reiswaffeln und Apfelschorle an alle Biber. Schmatzend und prustend saßen sie im hohen Gras.

Der Auerbach macht jeden wach!

Gut gestärkt setzte die Crew ihre Erkundungstour fort. Wohin mochte der Bach sie nur bringen? Die Seeräuber liefen und liefen, bis der Weg auf ihrer Uferseite zu Ende war. Flink überquerten sie die Brücke.

Singend liefen sie weiter, bis sie zu ihrer Rechten merkwürdige Steinrunen entdeckten. »Was soll das denn heißen?«, fragte Pino und kratzte sich dabei mit der Hand in den vom Staub gezeichneten Haaren. Aber halt, war da nicht was? Ein Knistern? Ein Schlürfen? Oder hatte ihn sein Gehör getäuscht. »Ausschwärmen! Wir werden angegriffen! Ab, durchsucht den Wald!«, brüllte er unmittelbar. Und bald war die gesamte Bande im Unterholz des Waldes verschwunden.

»Leute, kommt schnell. Ich hab´s erobert! Alle Flussfiniander, halt nein, Inn…dianer sind vertrieben«, lallte Leutnant Levi noch völlig Apfelschorle-trunken. Und tatsächlich, er hatte das Tipi als Erster erstürmt. Dicht gefolgt von Biber Beppi und Schiffsmaus Lino. »Ein richtiges Tipi!«, rief Großmutter Frida begeistert. Ein guter Ort zum Geschichtenerzählen. »Das muss gefeiert werden. Packt den Proviant aus!«

Frisch gestärkt geht's ans Erobern!

Frisch gestärkt und voller Tatendrang ging die Tour weiter. Biber Beppi wusch sich seine dreckigen Füße im kühlen, klaren Wasser des Bachs. Gerti Gute-Nudel stürmte die Insel und Leutnant Levi sauste mit Papagei Pio voraus, um den Schatz – äh … den Spielplatz – in Augenschein zu nehmen. »Das Beste ist die Seilbahnrutsche!«, beschloss er. Kurz darauf war er auf und davon. Was für ein Tag!

Wollt ihr mit auf Eroberungstour am Auerbach? Dann … aus der Bahn, ihr Ungeheuer, jetzt geht's los ins Abenteuer! »

DAS VERSTECKTE TIPI

14

Eine Wasserspieltour mit Erlebnisfaktor

Im Abenteuer 14 entdeckt ihr mystische Runensteine, erforscht eine Insel und erobert ein Tipi, versteckt im Wald. Als Schatz, wollt ihr wissen?! … wartet ein toller Spielplatz auf euch!

Die Besiedlungsspuren der Gemarkung Audorf reichen bis in die Bronzezeit zurück. Da ist es nicht weiter verwunderlich, dass man hier an den Ufern des Auerbachs noch Steinrunen und ein Indianer-Tipi findet. Oder doch?

Im östlichen Bereich der Kurve »Waldweg« führt uns der von Haudegen Pino in den Wald geschlagene Trampelpfad zum Uferweg des Auerbachs. Dort biegen wir nach links ab. Wir folgen dem Auerbach flussabwärts, durchlaufen die Unterführung der Rosenheimer Straße und finden kurz vor der Eisenbahnbrücke auf der linken Seite die Kneipp-Anlage. Wir queren unterhalb der Eisenbahnbrücke den Auerbach über den Fußgängerüberweg. Ab hier folgen wir dem Weg auf dem Damm flussaufwärts, bis wir auf der rechten Seite eine Picknickbank umringt von Steinrunen vorfinden. Hier beginnt der Spiel- und Abenteuerbereich für die Kinder. Zu eurer Linken werdet ihr im Wald auf ein grünes Planen-Tipi treffen. Direkt vor euch liegt eine kleine Insel, die ihr gemeinsam erobern könnt und die zum Spielen mit den Flusskieseln einlädt. Nur wenige Meter weiter findet ihr links den Spielplatz am Auerbachweg.

Sollten kleinere Kinder nach dem ausgiebigen Spiel im Erlebnisbereich jetzt schon die Kräfte verlassen, könnten wir die Tour an dieser Stelle abkürzen. Hierfür empfiehlt es sich entweder die Brücke über die Rosenheimer Straße auf die andere Uferseite zu nehmen oder wir könnten bei Niedrigwasser (ca. 15 bis 20 Zentimeter Wassertiefe) den Bachlauf zu Fuß unterhalb der Brücke queren. Das ist für junge Süßwassermatrosen immer ein Highlight. Der Uferweg führt uns, wenn wir flussaufwärts laufen, bereits nach wenigen Gehminuten zu einem kleinen Fußweg auf der rechten Seite. Dieser bringt uns zielgenau zurück zum Waldparkplatz.

Doch wir sind unermüdlich und setzen die Tour fort, indem wir die Unterführung unter der Rosenheimer Straße durchlaufen und dem Auerbachweg flussaufwärts folgen, bis wir an eine Brücke kommen. Diese führt uns trockenen Fußes auf die andere Uferseite. Ab hier laufen wir flussabwärts. Wir genießen den Ausblick auf die Berge und lauschen dem Rauschen des Wassers. Die Luft im Wald ist frisch und angenehm. Wir folgen dem Uferweg, bis wir zu unserer Linken auf unseren Toureinstieg treffen. Der schmale Fußweg führt uns sicher durch den Wald zu unserem Ausgangsparkplatz.

EXTRA-TIPP

Der Tatzelwurm-Wasserfall

Dieser sehr kurze, aber schöne Fußmarsch entlang des Auerbachs bietet vor allem an sonnigen Tagen eine schöne Abkühlung. Im Schatten der Bäume lässt es sich zu jeder Jahreszeit sehr angenehm laufen. Um zu den legendären oberen Wasserfällen zu gelangen, folgen wir einfach dem Wanderweg, der ab den Hotelgebäuden sehr gut ausgeschildert ist. Wir bitten die Kinder auf den Wegen zu bleiben, da der Bachlauf im Bereich der Wasserfälle sehr gefährlich ist! Dieser bringt uns bereits nach wenigen Gehminuten zu dem lebhaft sprudelnden oberen Tatzelwurm-Wasserfall. Wir genießen den Ausblick und lassen den Tag danach auf der Sonnenterrasse des Vier-Sterne-Spa-Hotels Feuriger Tatzelwurm ausklingen.

Adresse: Wanderparkplatz (kostenpflichtig) am Hotelresort Feuriger Tatzelwurm, Tatzelwurm 1, 83080 Oberaudorf

2,2 km | flach | 35 Min.

Alles auf einen Blick

Tourencharakter
Wasserspieltour, sonnig
Extratipp: Tour mit Steigung; Wanderschuhe erforderlich, schattig, Strecke 1 km, Dauer 20 Min., Höhenunterschied 55 m

Ausgangs-/Endpunkt
Waldparkplatz Oberaudorf
Waldweg 7
83080 Oberaudorf
GPS: 47.660330, 12.167058 (Parkplatz), 47.661042, 12.176181 (Kneipp-Becken/Wendepunkt), 47.660309, 12.171594 (Spielplatz)

Anfahrt
Auto: Auf A 93 Ausfahrt 59 Oberaudorf nehmen. Im Stadtzentrum

nach rechts auf die Rosenheimer Straße. Nach ca. 1,4 km folgen wir der Beschilderung Skigebiet Sudelfeld/Tatzelwurm nach links auf die Tatzelwurmstraße bis zum Waldparkplatz.

Bus/Bahn: Vom Bahnhof Oberaudorf sind es ca. 1,1 km bis zum Ausgangspunkt.

Öffnungszeiten
Ganzjährig geöffnet

Beste Zeit
Ende Mai bis Anfang September, aber auch bei geringer Schneedecke einen Ausflug wert

Einkehr
Restaurant im Hotel »Feuriger Tatzelwurm« (Adresse siehe Extra-Tipp)

Ausrüstung
Wasserfeste Wanderschuhe, Ersatzkleidung, Picknickdecke, Handtücher; Laufrad, Sandspielzeug

Information
tourismus-oberaudorf.de

ABENTEUER 15

Uff ... Schnauf ... Obakemma Ächzzz ... RUMPS!

Ein dicker Baumstamm wurde über den Waldboden geschleift.

Knallend wurde er abgeladen. Und dann kam auch schon gleich der nächste. Jeder Biber half mit – so gut er konnte. Die Sonne brannte heiß auf das dichte Fell der Biber. Die Blätter rauschten und ein Hauch von Abenteuer zog über das Land.

»Oma Fridaaa, ich kann nicht mehr! Immer dieses Nagen, Bäumeschleppen, alles Stapeln und Verkeilen, nur damit der Biberdamm von Onkel Heinrich wieder hält. Kann der nicht einfach mit uns auf Abenteuerreise gehen, dann braucht er keinen Biberdamm mehr. Das hier ist echt anstrengend! Ich bin voll gestresst!«, jammerte Biber Beppi unaufhörlich aus dem Gebüsch. Heute hatte er so absolut keine Lust mehr zum Arbeiten. Inzwischen musste es schon der ganze Fluss wissen, so laut schluchzte er rum. Er quengelte und nölte bereits den ganzen Morgen.

Da hoppelte ein Hase an ihm vorbei und schaute Beppi neugierig an.

»Griaß di. Wos is na loos mit dia? *(hoch-dt. = Grüß dich. Was ist denn los mit dir?)*«, fragte der Hase. Biber Beppi blickte auf und antwortete: »Meine Pfoten tun mir schon weh und ich brauch' dringend eine Pause. So ein Biberdamm ist ganz schön viel Arbeit, weißt du. Ich bin voll im Stress!!!« Dicke Schweißperlen tropften dem Biber über das Gesicht.

»Kimm und hock di da nieda, kloana Biba. I erzöhl dir a mol wos ... *(hoch-dt. = Komm und setz dich da hin, kleiner Biber. Ich erzähl dir einmal was ...)*«, sagte der Hase.

»Kloana Biba, du host an groß'n

Was für eine Aussicht!
Ist das nicht malerisch?

Dussl. Ned weid vo do is a pfunds Wegal fia di. Supa zum Obakemma! *(hoch-dt. = Kleiner Biber, du hast großes Glück. Nicht weit von hier ist ein wunderbarer Weg für dich. Der ist perfekt zum Entspannen!)*«, begann der Hase.

Seine langen Ohren wippten dabei lustig auf und ab. Und jedes Mal, wenn er von etwas besonders begeistert war, hüpfte er ein wenig in die Luft. Das sah so witzig aus, dass Biber Beppi schon bald wieder bester Laune war.

Es dauerte eine Weile, bis den anderen Bibern auffiel, dass Biber Beppi schon lange keinen Ast mehr zur Prien – so heißt der Fluss hier – geschleppt hatte. Allerdings waren *alle* einfach zu froh, dass das Genörgle aufgehört hatte. Doch dann wurde es Leutnant Levi zu dumm.

»Wieso müssen wir hier ackern und schuften und Biberbruder Beppi liegt da irgendwo auf der faulen Haut und schläft. Ich hab ihn schon ewig nicht mehr gesehen.« Laut motzend stapfte Levi ins Unterholz, um ihn zu suchen.

Nach einer halben Ewigkeit hatte er ihn gefunden. Doch auch er war so begeistert von der Geschichte des Hasen, dass er sich einfach nur dazu setzte. Erst als Gerti Gute-Nudel zum Essen rief, verabschiedeten sich die beiden Geschwister vom Hasen und eilten schnellen Schrittes zum Fluss.

»Pfiat di ... (hoch-dt. = Auf Wiedersehen ...)«, rief der Hase ihnen noch nach.

Jetzt wollten natürlich alle ganz genau wissen, was die Biberkinder denn so lange aufgehalten hatte.

Schon bald saßen alle Biber um Biber Beppi und Leutnant Levi herum und hörten gespannt zu.

Und so erzählten die beiden Brüder der Biber-Bande vom »Weg der perfekten Entschleunigung auf gut Bayrisch« ...

Noch bevor Levi auch nur ein Wort sagen konnte, sprudelte es schon aus Biber Beppi heraus: »Also, als Erstes legt man sich auf einen großen Schaukelstuhl. Da passen mindestens …, ja mindestens vier Biber drauf – vielleicht sogar mehr! Das ist voll gemütlich, sagte mir der Hase.

Und dann, schaut man mit dem Ofenrohr ins Gebirge. Klingt komisch, ist aber so! Ehrlich, das hat er so gesaaa…gt!« Levi holte tief Luft und schoss dann gleich los. Er unterbrach Biber Beppi mitten im Wort, so begeistert war er. »Der Hase hat erzählt, dass man innerlich ganz ruhig wird, wenn man dort am Bergbacherl eine Kuh melkt. Er sagte auch, die Wolken erzählen einem eine Geschichte mit Wolkenbildern, wenn man sich auf die Himmelsliege legt. Uuuuund … (er atmete erneut tief ein) es gibt dort eine Trommelbank und einen echten orangenen Biberthron. Da kann man über das ganze Tal hier sehen.

Ist das nicht ein Traum!?!« »Ja, ja … und wenn ich pfeife, werde ich ein rosa Einhorn mit Glitzer in der Mähne und da hinten ums Eck steht ein riesiges Mammut. Ihr erzählt ja nur Seemannsgarn. Alles erfunden und erlogen, sage ich euch!«, raunzte Hano Holzbein grummelig.

»Also, ich hab zwar noch nie erlebt, dass *du* ein rosa Einhorn wirst, aber da oben steht *echt* ein Mammut. Woher hast du das gewusst?«, fragten Levi und Beppi zugleich.

Jetzt waren alle überrascht und neugierig, ob das wirklich stimmte.

Schnell schickten sie Papagei Pio aus nachzusehen, ob dort wirklich ein Mammut stand. Wenige Minuten später kam er fröhlich pfeifend zurück: »Mammut gesichtet! Maaa … mmut gesichtet! Kra!«

Nun gab es für die Biber-Bande kein Halten mehr. Alle wollten mit, diesen besonderen Weg zu sehen. Ein Tag voller Abenteuer und besonderer Orte wartete bereits auf unsere wilde Biber-Bande.

Kommt ihr mit auf Mammutsuche? Dann … aus der Bahn, ihr Ungeheuer, jetzt geht's los ins Abenteuer! »

15

Eine Entdeckerwanderung zum Entspannen und Genießen

Im Abenteuer 15 chillt ihr auf einem riesigen Schaukelstuhl, schaut ihr mit dem Ofenrohr ins Gebirge und melkt die Kuh am Bergbacherl. Neben tollen Ausblicken findet ihr hier Entspannung auf »guad boarisch«. Zünftig eben!

Wir starten unser heutiges Abenteuer, indem wir den Parkplatz an der Festhalle verlassen und dem Fußweg nach rechts hinter der Schlossbergalm hinunter zum Fluss Prien folgen. Wir queren die Prien über die Brücke und folgen dem Uferweg (Cramer-Klett-Straße) flussaufwärts bis zur Kneippanlage.

Dort biegen wir in die Zellerhornstraße ein. Bereits nach wenigen Metern führt uns der Heurafflerweg rechts zum Anfangspunkt des »bayrischen Entschleunigungswegs«. Unterhalb von Haus Heurafflerweg 2 biegen wir nach rechts auf den Feldweg ab.

Wir folgen dem ausgeschriebenen Weg an der Peterskapelle vorbei weiter geradeaus. An der Straße »Am Lehmbichl« gehen wir nach links, um auf dem Entschleunigungsweg zu bleiben. Dieser macht im Wald eine Biegung nach rechts. Nach wenigen Minuten machen wir eine Pause zum Kuhmelken. Der Weg führt uns weiter an der »Schoaßdromme-Bank« vorbei über die Wiese. Der Ausblick hier ist fabelhaft. Genießt ihn in vollen Zügen.

Im kleinen Waldstück verläuft ein Bachlauf, der nur nach Regen ausreichend Wasser führt. Wir überqueren diesen über eine Brücke und folgen der Beschilderung.

Der Weg endet auf einem Forstweg am Bachlauf »Ahgraben«. Wir folgen dem breiten Weg bergab und gelangen so ins kleine Dorf.

Unterhalb des ersten Bauerngehöfts führt eine Straße über ein Gitter, das über dem Bachlauf des Ahgrabens liegt, in Richtung Wiese. Direkt hinter dem Gitter muss man dem Trampelpfad entlang des Ahgrabens flussabwärts folgen. Unterhalb der nächsten Bank schlängelt sich der Weg zu einem Trampelpfad, der hinter dem Haus Dreilindenweg 19 wieder auf eine geteerte Straße führt. Wir folgen dem Dreilindenweg nach rechts bis zum Ende. Hier biegen wir nach rechts ab in die Zellerhornstraße.

Bereits nach wenigen Metern erreichen wir die Schützenstraße.

Dieser folgen wir am Kindergarten vorbei hinauf in die Allee. Wenn rechts und links von uns nur noch Wiesen hinter den

Schaut genau, denn ihr seid piratenschlau … Dann findet ihr den Weg im Nu!

Mammut gesichtet!

Kühemelken entspannt …

Oane Pris'n zünftige Gemiatlichkeit duat allwei guad!

einzelnen Bäumen zu sehen sind, folgen wir der ersten Abbiegung nach links auf den Wanderweg, welcher uns zurück in den Wald führt – zur Kuh-Melkstation und zur Himmelsliege.

Von hier ab folgen wir wieder dem Weg zurück, vorbei am »Blick in das Ofenrohr«, auf die Straße, die uns zum Entschleunigungsweg gebracht hat. Nun zeigt sich, wer sich den Hinweg gut eingeprägt hat.

Solltet ihr auf dem Rückweg mal falsch abbiegen, so ist dies kein Problem. Lauft einfach immer in Richtung Schloss Hohenaschau (von überall aus gut sichtbar). Dort findet ihr, am Fuß des Berges, sicherlich schnell den Parkplatz an der Festhalle wieder.

EXTRA-TIPP

Der See des Drachen

Wer sich nun nach einer Abkühlung sehnt, für den ist das Natur-Freischwimmbad Aschau genau das Richtige. Der beschauliche See liegt am Ortsende und besticht mit einem herrlichen Ausblick in die Berge.

Mit etwas Glück und bei guten Wetterbedingungen sieht man hier auch die Paraglider landen. Das ist für die Kinder immer eine Schau. Für Teenager und Erwachsene gibt es direkt hinter dem See einen kostenpflichtigen Hochseilgarten.

Der Eintritt zum Badegelände und das Parken am See ist kostenfrei. Im Randbereich der Badeanlage befinden sich mehrere Spielgeräte, darunter auch ein großer grüner Drache. Hunde sind hier nicht erlaubt.

Adresse: Bernauer Straße 44,
83229 Aschau im Chiemgau

6,7 km | 125 Hm | 1 Std. 35 Min.

Alles auf einen Blick

Tourencharakter
Entdeckerwanderung, Tour mit leichter Steigung, zum Teil über Wanderpfad auf Wiese, sonnig mit Schatten
Extratipp: sonnig, 0,5 km, 8 Min.

Ausgangs-/Endpunkt
Parkplatz an der Festhalle (kostenpflichtig)
Schloßbergstraße 5
83229 Aschau im Chiemgau
GPS: 47.767174, 12.322566 (Parkplatz), 47.767182, 12.315657 (Kneippanlage), 47.767031, 12.314100 (Beginn bayrischer Entschleunigungsweg)

Anfahrt
Auto: Auf A 8 an der Ausfahrt 105

Frasdorf abfahren. Auf St2093 in Richtung Aschau/Kampenwandbahn. Der Parkplatz befindet sich an der Festhalle, am Fuß des Berges von Schloss Hohenaschau. **Bus/Bahn:** Von der Bushaltestelle Schlosseinkehr/Kampenwand, Aschau (Buslinie 9502) ca. 300 m bis zum Ausgangspunkt.

Öffnungszeiten
Ganzjährig geöffnet

Beste Zeit
Mai bis Oktober

Einkehr
Kiosk am Badeplatz bei schönem Wetter im Sommer geöffnet

Ausrüstung
Kraxe, Wanderschuhe, Ersatzkleidung,

Information
aschau.de/boarischer-entschleunigungsweg

ABENTEUER

16

Plitsch, platsch ... alles Matsch!

Pada-pling ...

plong ..

tuff

Wutschhh... Hihi...

HEY, DU ...

WASSER MARSCH !!!

Schon von der Ferne war der Ort der Träume zu hören. Die Luft war erfüllt von Kinderlachen, einer ungewöhnlichen Melodie und dem sanften Rauschen von Wasser.

Staunend stand Biber Beppi auf dem Bug der »Silver Star«. Genau wie Großvater Pino es, vor vielen Jahrzehnten, beim ersten Mal gemacht hatte.

»Wow!«, hauchte er leise in die laue Sommerbrise. Sanft strich der Wind durch das struppige braune Fell des kleinen Bibers. »Das sieht ja spannend aus. Kommt, Leute, da müssen wir hin!«

Bisher kannten Beppi, Hano und Levi den Ort nur aus Erzählungen. Sie hielten die Geschichten für Seemannsgarn. Doch jetzt sahen sie es mit eigenen Augen …

Vor ihnen lag, hinter Netzen, eine hölzerne Festung. Vom Berg herab spuckte ein Elefant Fontänen von Wasser, die sich im Tal mit dem Sand vermischten und einen herrlichen matschigen Wassergraben um das Piratennest bildeten. Die Biber-Bande musste geschickt und wendig sein, um an solch einem Ort zurechtzukommen. Mal musste man über schmale Stege gehen, mal durch eine hohle Tonne krabbeln. Und wer nicht aufpasste, wurde vom Wasserstrahl des Gegners abgeschossen.

Doch die Mutigsten unter den Herausforderern warteten oben im Turm zu Frasdorf. Eine Kletterwand

Ein Klacks für Klettermeister! Los geht's!

bildete den Zugang zu dem hölzernen Bauwerk. Hinunter kam man nur über eine steile, silbrig schillernde Röhrenrutsche.

eroberte Gerti Gute-Nudel die schönste der vielen Bänke und bereitete der Mannschaft eine wohltuende Stärkung. Noch nie hatte Apfelsaftschorle so erfrischend geschmeckt wie an diesem Ort.

»Wo ist das Ungeheuer? Auf ins Abenteuer!«, brüllte Hano Holzbein und schwang sich geschickt über die Reling. Mit einem kräftigen »Rumps« sprang er an Land, zischte vorbei an der hüfthohen Hecke, rum um die Ecke und war nicht mehr zu sehen.

»Ihm nach!!!«, grölte Gerti Gute-Nudel und warf sich ins Getümmel. Das ließen sich die beiden Jungpiraten-Biber nicht zweimal sagen. In Nullkommanichts waren auch sie mittendrin. Sie spielten schaurige Seemannslieder auf der Freiluftorgel, jodelten lauthals ins Megafon und enterten stürmisch das Schiff im Niemandsland.

Sie übten den Gang über die Wackelbrücke und brachten die kippelige Gangway zum Beben. Als die Sonne am höchsten stand,

Wollt ihr mit zum Wasser spuckenden Elefanten? Dann … aus der Bahn, ihr Ungeheuer, jetzt geht's los ins Abenteuer! »

16

Ein Wasserspielplatz für Musiker, Kletterkünstler und Matschkönige

Im Abenteuer 16 bleibt niemand trocken. Dieser Abenteuerspielplatz wartet auf alle Kletterkünstler, Matsch-Köche und Wassermeister. Ein rettendes trockenes Beiboot liegt neben der Wackelbrücke vertäut. Doch Achtung, der Elefant spuckt Wasser!

Frasdorf ist ein Ort wie im Bilderbuch. Eine kleine beschauliche Gemeinde, ca. acht Kilometer vom Chiemsee entfernt. Eigentlich ein ruhiger Flecken Erde, an dem man auf den ersten Blick keine großen Abenteuer vermutet. Doch genau hier beginnt unsere Reise in die aufregende Welt der Biber-Bande.

Wir parken unser Auto auf dem öffentlichen Parkplatz neben dem Feuerwehrhaus. Und da ist er – der Spielplatz – direkt vor uns.

Hier kann man das Abenteuer bereits erahnen, das uns direkt auf der anderen Seite der Hecke erwartet.

Bereits nach wenigen Schritten betreten wir das Land der wirbelnden Wasser. Nass und kühl sprüht es sanft auf uns herunter, der Kies knirscht unter unseren Sohlen und das Schlachtgebrüll einer wilden Schar tönt über den Platz.

Ein riesiger Kletterturm ragt vor uns in die Höhe. Wir erklimmen ihn von außen und erringen den ersten Sieg über das Land. Hier oben steht man auf dem höchsten Punkt des Areals. Winzig klein sehen der Drehfelsen und die Freiluftorgel zu unserer Linken aus. Hab ich da nicht gerade die Fanfaren gehört? Auf, wir rutschen die Röhrenrutsche hinunter und erobern das Felsennest der magischen Wasser.

Achtung, Herr Leutnant, der Elefant sprüht Wasser! Puh, das war knapp. Das Wasser rauscht den Berg hinab.

In kleinen Kaskaden fließt es ins Tal.

Doch schon ruft das nächste Abenteuer. An eine Verschnaufpause ist bei dieser überwältigenden Auswahl an

EXTRA-TIPP 1

Wer wird Kletterkönig?

Kletterfreunde und Zugliebhaber aufgepasst! Wer gerne das große Spinnennetz erobert oder sich eine Schlacht auf dem Bolzplatz liefern mag, der folgt der Hauptstraße, später Rosenheimer Straße, in Richtung Rosenheim nach Westen. Dort geht der Fußgängerweg in einen Fahrradweg über.

Bereits nach wenigen hundert Metern könnt ihr bei den ersten großen Bäumen nach rechts auf den Kletterspielplatz abbiegen.

Hier erwartet euch ein Holzzug für die Jüngeren und ein Kletterparcours für erfahrene Kletter-Kinder.

Auch an die Jugend wurde gedacht: Es locken ein Bolzplatz, eine Slackline, eine Tartanbahn und ein Volleyballfeld, um seine Kräfte in einer harten Schlacht zu messen.

Nach ausgiebigem Spiel überqueren wir die Wiese und folgen dem Trampelpfad der Biber, vorbei am Volleyballfeld und am Freigelände des Kindergartens. An der Straße angekommen, folgen wir der Simsseestraße nach rechts, bis wir wieder am Parkgelände des Wasserspielplatzes ankommen.

»Das habe ich noch nie vorher versucht, also bin ich völlig sicher, dass ich es schaffe.«
PIPPI LANGSTRUMPF

Spielgeräten nicht zu denken. Wer überwindet geschickt den Wassergraben um das Kastell und wer versinkt im Spiel mit dem Sand? Eine Beschäftigung, die es besonders unseren jüngsten Besatzungsmitgliedern angetan hat.

Aber ihr Jungmatrosen, gebt acht im Gedränge des Gefechts. Der Platz ist zwar klar umgrenzt, aber dennoch umringt von Straßen. Flüchten ist hier nicht erwünscht!

In der Ferne ertönt der Gesang der Eingeborenen aus dem kleinen Stelzenhaus, während auf dem Basketballplatz die Laufrad- und Scooter-Rallye bereits in vollem Gange ist.

An die Säbel … nun entern wir das Schiff. Ohhhh, uhhh, wer hätte gedacht, dass es hier so wackelig ist. Hoffentlich wird bei diesem Sturm keiner seekrank! Geschafft, das Manöver ist geglückt.

Genau die richtige Zeit für einen kleinen Snack zwischendurch, denkt der Schiffskoch und ruft die »wilden Biber« zu einer der vielen Bänke.

Wir genießen die Wärme der Sonne auf diesem außergewöhnlichen Wasser- und Abenteuerspielplatz, bei dem wohl nur selten eine Hose trocken bleibt.

EXTRA-TIPP 2

Panoramablick über das bayrische Meer

Habt ihr schon immer davon geträumt, den Chiemsee, das bayrische Meer, mal von oben zu sehen? Ja! Ihr denkt ein Flug mit dem Hubschrauber ist zu teuer? Das kann man verstehen. Glücklicherweise gibt es einen viel schnelleren Weg, um euren Traum in Erfüllung gehen zu lassen.

Nur 10 Autominuten von Frasdorf entfernt, liegt, hoch oben am Berg, die Seiseralm. Von der Außenterrasse des dazugehörigen Hotels mit angeschlossener Gastronomie habt ihr einen fantastischen Blick über den See bis weit hinein ins Land. Und die Kinder wird es freuen. Denn dort lockt bereits der nächste Spielplatz mit ausgefallenen Spielgeräten. Eine echte Gondel, ein Oldtimer-Traktor und ein Kletterfelsen aus Holz warten auf die gute Laune und flinken Füße unserer Jungmatrosen. Kleine Seeteufel, stürmt den Berg … Hier gibt es kein Halten mehr.

Adresse: Hotel Seiserhof, Reit 5, 83233 Bernau am Chiemsee, *www.seiserhof.de*

»Angst beginnt im Kopf – Mut auch!«
Sandy Taikyu Kuhn Shimu

0,5 km | flach | 8 Min.

Alles auf einen Blick

Tourencharakter
Wasserspielplatz, flache Tour, sonnig; dies ist ein Ausstellungsspielplatz der Firma Richter Spielgeräte mit immer wechselnden Spielgeräten. Es kann daher sein, dass Sie andere Spielgeräte vorfinden als auf den Bildern abgebildet. Was aber bleibt, ist ein wunderbares Erlebnis.
Extratipp 1: sonnig, Strecke 1 km, Dauer 15 Min.
Extratipp 2: sonnig, 0,2 km, 5 Min.

Ausgangs-/Endpunkt
Wasserspielplatz Frasdorf (gegenüber der Feuerwehr)
Simsseestraße 20
83112 Frasdorf
GPS: 47.803101, 12.283244 (Wasserspielplatz), 47.802503, 12.279500 (Kletterspielplatz, Extratipp 1), 47.797390, 12.360477 (Seiserhof, Extratipp 2)

Anfahrt
Auto: Auf A 8 bis Ausfahrt 105 Frasdorf/Aschau. Richtung Frasdorf Ortszentrum fahren. Ein öffentlicher Parkplatz befindet sich direkt neben dem Gebäude der Feuerwehr. **Bus/Bahn:** Vom Bahnhof Frasdorf sind es ca. 150 m bis zum Ausgangspunkt.

Öffnungszeiten
Ganzjährig geöffnet (im Winter ohne Wasser), Wasserspielbetrieb am Wasserfelsen von Mai bis Oktober, sonst trocken nutzbar

Beste Zeit
Juni bis September

Einkehr
Restaurant Seiserhof, Öffnungszeiten nach Saison, bitte vorab informieren unter seiserhof.de

Ausrüstung
Ersatzkleidung, Handtücher; Wasser- und Sandspielzeug (Bagger, Schaufeln, Sandförmchen etc.); für **Extratipp 1:** kletterfähige Bekleidung, Laufrad, ggf. Frisbee, ferngesteuertes Auto, Basket-, Volley- oder Fußball, Boule-Spiel o.Ä.

Information
frasdorf.de

ABENTEUER 17

Auf den Spuren König Ludwig II.

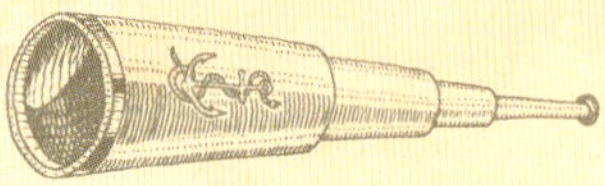

Lila-rot-orange spiegelten sich die Farben des Sonnenaufgangs im Wasser wider. Ganz ruhig lag die »Silver Star« im bayrischen Meer vor Anker, als ein kleiner Sonnenstrahl unaufhörlich Papagei Pios Schnabel kitzelte. »Schotten dicht! Luke zu!

Kraaa... Ich will schlaaa...aha...fffee-en!«, motzte er und drehte sich einfach um. Doch jetzt war es nicht mehr zu ignorieren. Ein neuer Tag hatte angefangen. Er reckte sich und streckte sich. Ein erfrischendes Bad im klaren Wasser, ja, das wäre jetzt genau das Richtige. Noch etwas schlaftrunken öffnete er die Luke.

Vermutlich denkt ihr nun, Papagei Pio war als Erster wach. Doch weit gefehlt. Er war als Letzter aufgestanden. Schiffsmaus Lino wischte bereits das Deck. Gerti Gute-Nudel packte schon Proviant. Biber Beppi pumpte das Stand-up-Paddelboard auf und

Hano Holzbein testete die Dusche am Strand.

Und Leutnant Levi ... wollt ihr wissen? Ja, der überprüfte den See auf Badetauglichkeit.

Testphase 1: Wasser auf Strömungen, Seeungeheuer und Wasserschlingpflanzen untersuchen.
Ergebnis: Alles bestens.

Testphase 2: Wasserqualität und Wassertemperatur überprüfen auf Badetauglichkeit.
Ergebnis: Perfekt, erfrischend und nass.

Testphase 3: Spaßfaktor testen.
Ergebnis: Man braucht mehr Testpersonen.

Also rief er, so laut er konnte: »*ICH* geh baden! Wer als Letzter an der schwimmenden Insel ankommt, ist 'ne lahme Ente!!!«

Und so kam es, dass schon wenige Minuten später die gesamte Meute zum Wasser rannte. Was für ein Spritzen, was für ein Jauchzen.

»Quack!« »Quaahack!« »Wer ist hier eine lahme Ente?!«, quasselten plötzlich mehrere zarte Stimmchen kreuz und quer durcheinander.
So hatte Leutnant Levi das wohl nicht

gemeint. Doch auch die gesamte Entenfamilie Erpelschlupf war nun auf den Beinen, auf dem Weg zum See. Und während die Entenkinder alle brav um die Picknickdecke außenherum rannten, watschelte die große Mama-Ente direkt über Gertis Badehandtuch. Das hat die Welt noch nicht gesehen: Schwupps waren auch die Enten im See und nahmen an dem Wettschwimmen teil.

Was für ein herrlicher Tag unter dem weiß-blauen Himmel Bayerns.

Großmutter Frida hielt nicht viel vom Wettschwimmen. Sie hatte es mehr mit der Ruhe und der Gelassenheit. Zufrieden stand sie auf dem Steg, mit dem Fernrohr in der Hand, und beschloss, sie sei der Schiedsrichter des Wettstreits. Denn was wäre schon das schnellste Wettschwimmen aller Zeiten ohne klar definierten Gewinner.

Gerti Gute-Nudel lag anfangs weit vorne, als sie von Hano Holzbein überholt wurde. Doch auch Entenkind Edwin holte schnell auf. Das würde eine knappe Kiste werden. Mit einer Handbreit Vorsprung gewann letztlich Leutnant Levi den tosenden Wettstreit.

Biber Beppi und Haudegen Pino interessierte das alles nicht die Bohne. Sie hatten schließlich das Beste am Strand gefunden. Einen WASSER-MATSCH-PRITSCHEL-PLATZ! »

AUF DEN SPUREN KÖNIG LUDWIG II.

17

Ein Badetag wie zu Königs Zeiten

Im Abenteuer 17 badet ihr wie König Ludwig II. im kristallklaren Wasser des Chiemsees. Ihr entspannt auf der Liegewiese Seite an Seite mit Enten und Schwänen.

Das Strandbad Breitbrunn/Stadl am Westufer der Urfahrner Halbinsel ist ein kleines und feines Juwel unter den vielen Badestränden am bayrischen Meer. Es besticht mit seiner gepflegten Liegewiese mit alt eingewachsenem hohem Baumbestand. Flaches Wasser im Uferbereich sowie ein Nichtschwimmerbereich sorgen schon bei den Kleinsten für Spaß und Sicherheit. Der lange Holzsteg mit Badeplattform eignet sich nicht nur hervorragend zum Sonnen und Aufwärmen, sondern bietet mit einer behindertengerechten Metalltreppe auch der älteren Generation einen bequemen Seezugang. Auf geübte Schwimmer wartet die Eroberung der schwimmenden Insel.

Eltern-Tipp
Badeschuhe anziehen

Nach einem ausgedehnten Bad im kristallklaren Wasser können sich die jüngeren Gäste auf dem dazugehörigen Wasser-Matsch-Pritschel-Platz austoben, während die Jugend und alle Junggebliebenen sich auf dem Beachvolleyballfeld oder an der Tischtennisplatte eine harte Schlacht liefern können. Das kleine Restaurant in Strandnähe sowie der Kiosk mit Tischen, Sonnenschirmen und Sitzplätzen sorgen für Gemütlichkeit und laden zum Verweilen ein. Wer bis zum Abend bleibt, der wird nicht selten mit einem gigantischen Sonnenuntergang belohnt.

EXTRA-TIPP
Der Ausguck

Dieser kurzweilige Spaziergang zur Spitze der Urfahrner Halbinsel ist zu jeder Jahreszeit einen Abstecher wert. Besonders die Sonnenuntergänge werden hier zu einem unvergesslichen Schauspiel, wenn die Farben des Himmels sich in all ihrer Pracht im klaren Wasser des Chiemsees widerspiegeln.
Im Schatten der Bäume führt uns der Uferweg direkt vom Strandbad Breitbrunn gen Süden, vorbei am Bootshaus der Wasserwacht, durch das Feuchtgebiet des Kailbacher Winkels. Das Pfeifengras zu unserer Seite ist charakteristisch für die Streuwiesen, welche Lebensraum unzähliger Tier- und Pflanzenarten sind. Streuwiesen kommen auf dauerhaft vernässtem Boden vor, daher bitten wir die Kinder, die vorgegebenen Wege auf dieser Tour nicht zu verlassen. Wir spazieren, wie einst Ludwig II., bis zur Spitze der Landzunge. Von hier aus setzte der Märchenkönig 1881 bis 1885 mehrfach zur 300 Meter entfernten Herreninsel über, um den Baufortschritt seines Schlosses zu verfolgen.

Ganz nebenbei führt uns der Natur-Erlebnisweg Chiemsee (Station Urfahrn) auf zwei Schautafeln mit vielen Bildern und ausführlichen Texten in die Flora und Fauna der Streuwiesen ein.

Mutigen Süßwassermatrosen, die schon gut auf leisen Sohlen durchs Unterholz schleichen können, empfehlen wir, dem kleinen Trampelpfad rechts neben der Bank an der Halbinselspitze zu folgen. Man muss sich hier klein machen und unter so manchem Ast hindurchschlängeln. Aber am Ende wartet ein echter Piratenausguck-Platz auf euch. Perfekt, um die heimischen Wasservögel und die unzähligen Segelschiffe zu beobachten. Doch gebt gut acht auf Natur und Getier, denn der Nächste sitzt bald wieder hier! Nun aber los, ihr Süßwasserpiraten – mit etwas Glück entdeckt ihr eine der seltenen Bekassinen.

0,3 km — flach — 5 Min.

Alles auf einen Blick

Tourencharakter
Badestrand, sonnig, mit Schatten, **Extratipp:** sonnig, flach, Strecke 1,7 km, Dauer 25 Min.

Ausgangs-/Endpunkt
Strandbad Breitbrunn
Königstraße 46 a
83254 Breitbrunn am Chiemsee
GPS: 47.882007, 12.385922 (Strandbad), 47.875365, 12.388149 (Ausguck, Urfahrn)

Anfahrt
Auto: Auf A 8 an der Ausfahrt 106 Bernau abfahren. Durch Prien hindurch den See umrunden bis zur Halbinsel Breitbrunn. Parkmöglichkeiten gibt es direkt am Strandbad.

Früh dran sein lohnt sich, da die Parkplatzkapazität aufgrund der Lage auf der Halbinsel begrenzt ist.

Bus/Bahn: Von der Bushaltestelle Wolfsberg, Breitbrunn am Chiemsee (Buslinie 9520) sind es ca. 1,2 km bis zum Ausgangspunkt.

Öffnungszeiten
Ganzjährig geöffnet

Beste Zeit
Juni bis August

Einkehr
Kiosk am Badeplatz bei schönem Wetter im Sommer geöffnet

Ausrüstung
Badesachen, Picknickdecke, Handtücher; Sandspielzeug; für Extratipp festes Schuhwerk, lange Hose für Kinder

Information
breitbrunn.com/info-service

ABENTEUER

18

Eine spontane Reise

Biber Beppi war sofort hellwach. Von draußen hörte er seltsame Geräusche, die sich anhörten, als würde ein Elefant gerade ein Frachtschiff quer über den Asphalt ziehen.

Oder als würde ein Roboter mit einem Zug kämpfen. Direkt neben dem Schlafbaum des kleinen Bibers.

Oder als wäre das große Bauernhaus, auf dessen Wiese er gestern eingeschlafen war, gerade auf dem Weg zum Baden. Möglicherweise auch alles auf einmal.

»Halt! Stooooop!!!«, rief er panisch, als der Bug eines roten Bootes plötzlich an ihm vorbeigeschoben wurde.

Dicht gefolgt von mehreren Stand-up-Paddelboards ...

Das rote Ungetüm hielt abrupt an. Was war denn hier nur los?

Verdattert rieb sich der kleine Biber die Augen. »Du Schlafmütze, aufwachen, es geht los! Guck, wir haben ein Boot gekapert! Schnell, nichts wie weg!«, hörte er die vertrauten Stimmen der Biber-Bande leise flüstern. Blitzschnell sprang Biber Beppi in seine Leinenhose, band sein Tuch um den Kopf und sauste hinterher. Die Sonne ging gerade erst über dem Chiemsee auf und verwandelte den Horizont in ein gigantisches Farbenmeer. Das Wasser glitzerte silbrig im Morgenlicht.

»Beppi – keine Zeit für lange Erklärungen. Pack einfach mit an! Ich hatte einen Traum«, stieß Schiffsmaus Lino keuchend hervor. »Ich war auf dem Wasser und ...« Beppi wollte etwas sagen, doch Lino plapperte munter weiter und ließ ihn gar nicht erst zu Wort kommen: »... von dort aus sah ich die höchsten Berge, groß, größer, nein riesig, viel mächtiger, als du es dir vorstellen kannst. Da landete eine kleine blaue Libelle mit gelb schimmernden Flügeln auf meiner Nase. Sie erzählte mir von einem Ort, den nur die mutigsten Süßwasserpiraten je gesehen haben. Wer dort am silbernen Bagger das tiefste Loch gegraben hat, mit größter Kraft das Wasser aus den Tiefen der Erde zutage fördert und es schafft dem größten Fisch vom Buckel bis zum Maul hinunterzurutschen ... « Die Maus holte tief Luft: »... um dann das größte Kletternetz der uns bekannten Welt zu bezwingen, der wird mit einem süßen Eis im Schatten des Riesenbaums KOLRI belohnt. Beppiii ... schieb aaaan – ich esse Eis für mein Leben gern.« Da gab es auch für Biber Beppi kein Halten mehr. Noch bevor jemand etwas von dem großen Tumult am Strand mitbekommen hatte, war das kleine Schiff zu Wasser gelassen. Mit vereinten Kräften ging es hinaus in die Weiten des bayrischen Meeres. Vor der Insel Herrenchiemsee zog ein einzelnes Segelboot seine Runde, als sich die Biber-Bande auf den Weg machte zur Halbinsel Felden.

Wollt ihr mit zum Strand des Silberbaggers? Dann ... aus der Bahn, ihr Ungeheuer, jetzt geht's los ins Abenteuer! »

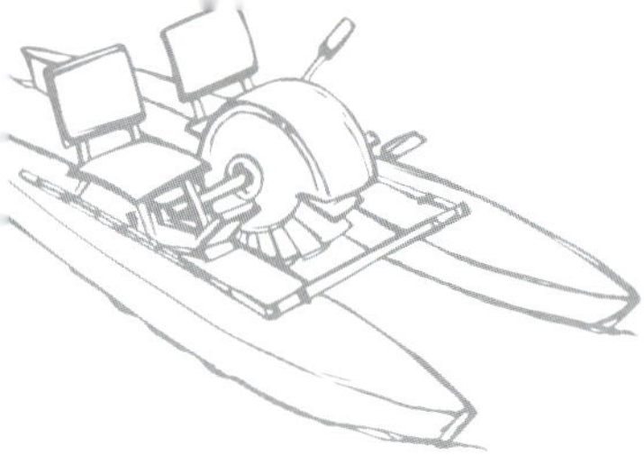

EINE SPONTANE REISE

18

Wasserexpedition mit Ruderboot oder SUP

Im Abenteuer 18 macht ihr eine einzigartige Kinder-Wasserexpedition. Habt ihr euer Ziel – die Halbinsel Felden – erst mal erreicht, erwarten euch spannende Abenteuer: ein großer Park mit Volleyball- und Fußballfeld, ein Abenteuerspielplatz lockt mit immer neuen Herausforderungen, ein Wasserspielplatz lädt zum Plantschen ein und die Rutschen in den See runden das Abenteuer gelungen ab. Ein Kiosk für erfrischende Getränke und ein Eis am Stiel darf hier natürlich nicht fehlen. Das ist doch klar!

Der »Schöllkopf« zählt mit seinen großen Bäumen und dem breiten Kiesbadestrand bereits seit über 50 Jahren zu den schönsten naturbelassenen Badestellen des Chiemsees. Dieser Badeplatz eignet sich perfekt zum Plantschen für Mini-Matrosen und zum Schwimmenlernen für kleine Kapitänsanwärter, da der Einstieg in den See hier über die gesamte Strandlänge sehr seicht ist.

»Alle Boote bereit? Schwimmwesten fest! Leinen los! Matrosen, wir stechen in See ...!«, schallt es über das bayrische Meer, wenn sich die kleinen Seeräuber fertigmachen, um neue Ufer zu erforschen. Ist das selbst mitgebrachte Boot oder Stand-up-Paddelboard erst mal aufgepumpt, kann es losgehen.

Wir lassen unser Boot/SUP zu Wasser und steigen ein. Zuerst steuern wir ein paar Meter in Richtung der Insel »Herrenchiemsee« und halten uns dann rechts mit ausreichendem Abstand zum Naturschutzgebiet des »Bernauer Achendeltas«. Dieses ist mit Schwimmleinen auf der Wasseroberfläche deutlich gekennzeichnet. Hier fließt das Wasser der Bernauer Ache, des Kleebachs, des Bauerlbachs, des Moosbachs sowie mehrerer weiterer kleiner Moorbächlein in einer Bucht zusammen. Es schafft eine einzigartige Naturlandschaft mit einer faszinierenden Biotopenvielfalt für Flora und Fauna. Dahinter

Ahoi, wir stechen in See!

TIPP für Mini-Mäuse

Adresse: Parkplatz Strandbad Felden, Birkenallee 47, 83233 Bernau am Chiemsee

Hinweis: Vom Parkplatz Felden aus ist es nur ein kurzer Fußmarsch zum Badestrand Felden. Wegen der Größe des Geländes und den vielen Spieloptionen wird die Mitnahme eines Laufrads, Kinderwagens oder Bollerwagens empfohlen.

Kleiner Tipp für

Eltern mit Babys, die noch nicht SUP- oder Schlauchboot-fest sind, können das Freizeitparadies Felden auch direkt anfahren.

eröffnet sich den kleinen und großen Seeräubern ein gigantischer Panoramablick in die Alpen. Dort türmt sich das Gestein zu einem großen Bergmassiv auf und die Natur gibt einen traumhaften Blick auf die Bergspitzen der Kampenwand sowie des Kleinstaffen und des Großstaffen frei.

An dieser Stelle bietet es sich an eine kleine Ruderpause einzulegen und sich der Schönheit des Chiemgaus hinzugeben. Wer an diesem Punkt Ausschau hält, der kann mit etwas Glück eine der 145 registrierten Vogelarten entdecken, die regelmäßig im Schutzgebiet rund um den Chiemsee brüten. Zu den selteneren Brutvögeln der vergangenen Jahrzehnte gehören neben dem Schwarzhalstaucher der Kormoran, die Schellente, der Wespenbussard, der Schwarzmilan, die Rohrweihe, der Baumfalke, der Gänsesäger, die Tüpfelralle, der Wachtelkönig sowie die Bekassine.

Von hier aus sind es nur mehr wenige Meter zum ersehnten Festland der Halbinsel Felden-Bernau. Wir legen am kleinen Kiesstrand östlich neben dem Freibadgelände an und sichern unser Boot/SUP für die spätere Rückfahrt. Nun heißt es: »Piraten ahoi … entert die Insel!«

Wer ist als Erster auf dem Bagger am Wasserspielplatz? Wer erklimmt die Kletterwände des Abenteuerspielplatzes? Huch, es rutscht ja schon der erste Seebär auf dem Fisch … toll. Hat schon jemand Eis gefunden auf der Insel?

Kommt mit … wir starten!

Die Freizeitanlage Felden bietet Spaß und Erholung für Seeräuber jeden Alters. Neben einem Wasserspielplatz mit Sonnensegel und einem Abenteuerspielplatz mit Klettergerüst und Karussell für die Jungmatrosen gibt es für die großen Hochseeteufel ein Beachvolleyball- und Beachfußballfeld, zwei Tischtennisplatten und eine Bocciabahn, um ihre Kräfte zu messen. Ein Fahrrad- und E-Scooterverleih sowie zahlreiche gastronomische Einkehrmöglichkeiten bieten für jeden Geldbeutel das passende Vergnügen, sodass auch die Erwachsenen ganz auf ihre Kosten kommen.

Bevor wir uns auf die Heimreise machen, darf natürlich noch ausgiebig gebadet werden, um den Staub des Abenteuers abzuwaschen.

Zur Rückfahrt steuern wir wieder hinaus auf den See und halten uns links in Richtung des großen Riesenrads von Prien. Die richtige Zeit, den Blick über die zahlreichen Segelboote, die vor der Insel »Herrenchiemsee« ihre Routen kreuzen, schweifen zu lassen. Der lange Kiesstrand im direkten Anschluss an das »Bernauer Achendelta« zu unserer Linken ist unser Heimathafen für diesen Tag.

»Seeteufel, werft den Anker!«

Wer nach der aufregenden Tour noch einer kleinen Stärkung bedarf, dem serviert das Kioskpersonal gerne erfrischende Getränke, kleine Brotzeiten, Eis, Kaffee und hausgemachten Kuchen auf der idyllisch gelegenen Außenterrasse. Eine gute Gelegenheit, den Nachmittag mit einem ausgiebigen Bad im bayrischen Meer zu beenden.

EXTRA-TIPP

Der Turm auf der Halbinsel

Wer gerne noch mehr auf der Halbinsel entdecken möchte, der kann sich auf die Suche nach dem »geheimen Weg« zum Holzturm machen. Gute Klettermeister finden ihn mit der tollen Aussicht vom Abenteuerspielplatz sicher sofort. Der Weg »Birkenallee« (zwischen Fischerei Lackerschmid und dem Strandcafé) führt geradewegs zum Beobachtungsturm Irschener Winkel.

Von hier aus kann man herrlich die große Vielfalt an Vögeln beobachten. Viele davon stehen inzwischen unter Artenschutz und haben hier ihren Rückzugsort gefunden.

1,8 km | flach | 30 Min.

Alles auf einen Blick

Tourencharakter

Badestrand und Wasserexpedition mit SUP über See, sonnig, **SUP oder Ruderboot inkl. Rettungswesten mitnehmen!** Alternativ mit Kinderwagen ab Schöllkopf zu Fuß über Uferweg, sonnig mit Schatten, Strecke 5 km, Dauer 1 Std. 15 Min., **Extratipp:** sonnig, Strecke 1 km, Dauer 15 Min.

Ausgangs-/Endpunkt

Badeplatz Schöllkopf
Schöllkopf 1
83209 Prien am Chiemsee
GPS: 47.836249, 12.373063 (Badeplatz Schöllkopf), 47.831803, 12.380881 (Freizeitgelände Felden), 47.831569, 12.378646 (Aussichtsturm, Extratipp)

Anfahrt

Auto: Auf A 8 Ausfahrt 106 Bernau nehmen. Weiter auf B 305 in Richtung Prien und dann weiter auf Priener Straße/Bernauer Straße fahren. Im Kreisverkehr die erste

Abfahrt (Harrasser Str.) nehmen. Nach ca. 800 m rechts abbiegen auf schmale Straße zwischen zwei Wiesen (Badeplatz ist klein ausgeschildert!). Am Ende der Straße befindet sich der Badeplatz Schöllkopf. Achtung, es ist mit Gegenverkehr und Fahrradfahrern zu rechnen. **Bus/Bahn:** Sehr schlecht angebunden – nicht zu empfehlen

Öffnungszeiten

Freizeitgelände Felden mit Spielplatz ganzjährig geöffnet, Badestrand und Wasserspielplatz von Mitte Juni bis Mitte September ca. 9 – 22 Uhr

Beste Zeit

Juni bis September

Einkehr

Kiosk am Badeplatz (Felden und Schöllkopf) bei schönem Wetter im Sommer geöffnet

Ausrüstung

Für Wasserexpedition: **SUP oder Paddelboot inkl. Schwimmwesten sind selbst mitzubringen,** Tret- und Elektroboote können in Felden vor Ort gemietet werden; Badesachen, Picknickdecke, Handtücher; **nur für Direktanfahrt Felden:** kletterfähige Bekleidung, Kettcar/Laufrad, Kinder- oder Bollerwagen, ggf. Sandspielzeug, Frisbee, Tischtennisschläger, Volley- oder Fußball, Boule-Spiel o. Ä.; ggf. Helm zum Ausleihen von Fahrrad oder Scooter

Information

chiemsee-alpenland.de

Ein Ausblick wie am Mittelmeer ...

ABENTEUER

19

Die Besteigung der Seeton-Burg

Psst ...
sei mal still.
Was ist das?

Knnnaaappp ...
Knnnaaappp ...
Knnn, knapp ...

... fragte Ameise Trill seinen Bruder.
Doch auch der wusste keine Antwort.

Von irgendwoher kam ein Knabbern.

Knnnaaappp ...
Knnnaaappp ...
Knnn, knapp ...

BAUM FÄLLT!

durchbrach es plötzlich die Stille des Waldes.

Die Neugier der beiden Ameisen war geweckt. Schnell sausten sie über Stock und Stein, ab hindurch durch den großen hohlen Baum. Um besser sehen zu können, stellten sie sich ganz oben auf den alten Baumstamm, und da sahen sie es:

Knnnaaappp …
Knnnaaappp …
Knnn, knapp …

Eine Horde KLEINER BIBER fällte Bäume und häufte Seeton an

Knnnaaappp …
Knnnaaappp …
Knnn, knapp …

Geh der Natur auf die Spur!

»Hey, ihr da drüben, was macht ihr da?«, fragte Trill ganz mutig und so laut, wie es einer Ameise eben möglich war. Das Knabbern und Schleifen, Hämmern und Buddeln verstummte.

»Wir? Na, wir sind die Biber-Bande und bauen eine Seeton-Burg. Sieht man das denn nicht?«, brüllte Biber Beppi gegen den Wind. Alle halfen mit. Levi zog und zerrte einen Baumstamm nach dem anderen aus dem Wald. Gerti Gute-Nudel bereitete eine köstliche Brotzeit.

Hano Holzbein schnitt mit seinem Säbel eine dicke Schneise in den dichten Wald und Lino erkundete mit Papagei Pio die Gegend, um den besten Platz für Großmutter Fridas Himmelsliege zu finden. Alle waren voll in ihrem Element. Nur Großvater Pino war nirgends zu sehen … Hmm … Was der wohl gerade wieder ausheckte???

Na klar, das, was Besser-Wisser-Biber am liebsten machen – Quizfragen erstellen, damit die Jungbiber mehr Spaß am Lernen haben – ist doch klar wie Quellwasser!

Wollt ihr mit zur Seeton-Burg? Dann … aus der Bahn, ihr Ungeheuer, jetzt geht's los ins Abenteuer! »

Kreativität beginnt im Handeln.

DIE BESTEIGUNG DER SEETON-BURG

19

Ein Moorerlebnispfad mit unvergesslichem Ausblick

Im Abenteuer 19 klettert ihr durch einen hohlen Baumstamm, tobt über den Waldspielplatz, genießt das Rauschen der Blätter auf der Himmelsliege und löst knifflige Rätsel auf dem Weg durch die Filze. Nun aber los, die Seeton-Burg wartet bereits auf euch!

Kommt mit Moor-Ameise »Trill« in eines der größten Hochmoore Süddeutschlands: Die rauen, schönen und ruhigen Kendlmühlfilze werden euch gefallen.

Wir starten unser heutiges Abenteuer am Klaushäusl (Museum Salz & Moor). Hier folgen wir den Wegweisern und queren die Bundesstraße (B 305). Wir folgen dem Feldweg und biegen hinter der Brücke nach links ab. Bereits nach wenigen Metern sehen wir vom Weg aus die Seeton-Burg. Erhaben steht sie dort, umgeben von einem Wassergraben. Kleine Mini-Forscher können hier durch einen hohlen Baumstamm krabbeln. Das gibt wunderbare Fotos!

Auf ins Abenteuer mit Ameise Trill

Auf Forschungsreise im Baumstamm

Nach Stürmung der Seeton-Burg setzen wir unseren Weg fort. Nach ca. 100 Metern führt uns rechts ein gut ausgebauter Weg in den Wald. Wir genießen das Rauschen der Blätter auf der Himmelsliege und erkunden den Erlebnisspielplatz. Dieser Ort bietet sich perfekt für eine Brotzeitpause an. Frisch gestärkt erforschen wir den Baum-Balancierweg. Nach ausgiebigem Spiel setzen wir den Weg auf dem Erlebnispfad fort, vorbei am ehemaligen Torfstichgelände. Als wir weitergehen, begegnen uns immer wieder kleine Häuschen. In jedem versteckt

EXTRA-TIPP 1
Der Grießenbach-Wasserfall

Wer nun noch Kraft für eine kleine Bergtour hat, dem sei die Wanderung zum Wasserfall empfohlen. Dafür folgt ihr einfach der Beschilderung ab dem Klaushäusl.
Der Weg führt euch auf dem Fahrradweg bis zu den nächsten Häusern. Hier biegt ihr nach links ab und folgt der Straße bis hinauf in den Wald.

Wenn sich am Ende der Straße die Wege im Wald teilen, folgt ihr der Beschilderung nach rechts in den Wald. Nun geht es stetig auf dem Waldweg weiter. Er führt euch über eine schmale Brücke. Die Abenteurer unter euch können bei Niedrigwasser oberhalb der Brücke den Bach zu Fuß durchwandern (Wasserspielmöglichkeit). Ab hier wird der Weg immer schmaler, aber mit Kindern ist er gut begehbar.

Nach ca. einer halben Stunde Fußmarsch (Weg nicht kinderwagengeeignet!) habt ihr euer Ziel – den Grießenbach-Wasserfall – erreicht. Den Rückweg findet ihr spielend leicht, da er derselbe wie auf dem Hinweg ist. Da könnt ihr mal schauen, was sich die Kinder gemerkt haben.

Fast wie vor 3000 Jahren!

Auf zur Seeton-Burg!

sich eine Quizfrage. Mal sehen, ob ihr sie alle lösen könnt?! Na klar, Abenteurer wissen so was – und wenn nicht, steht auf der Rückseite viel nützliches Wissen, um die Aufgabe zu bewältigen. Am Ende des Weges befindet sich eine große Aussichtsplattform mit einem herrlichen Blick auf das Alpenpanorama der bayrischen Hausberge. Bitte auf dem Holzplateau bleiben, damit ihr nicht im Moor stecken bleibt!

Diesen Anblick werdet ihr so schnell nicht wieder bekommen – er scheint wie aus der Zeit gefallen. Weit und breit nur Wiesen, Torfmoor, Büsche und Bäume bis hin zu den Bergen – so scheint es. Einfach idyllisch.

EXTRA-TIPP 2
Das Museum Salz & Moor

Das Museum Salz & Moor ist im historischen Gebäudeensemble des Klaushäusls untergebracht.
Dieses besteht aus insgesamt sieben Häusern. In früherer Zeit hatte jedes Gebäude seine eigene Funktion, und so wundert es auch nicht, dass sich auch heutzutage die unterschiedlichen Gebäude ergänzen.
Im Salzmuseum erfährt man viele Daten und Fakten zur jahrhundertealten Tradition der bayrischen Soleleitungen, wohingegen das Moormuseum den faszinierenden Lebensraum Hochmoor veranschaulicht.

Genug in Gedanken geschwelgt, wir wollen weiter.

Hierfür gehen wir zurück auf den Schotterweg, der immer wieder von kleinen Wasserrinnen durchzogen ist. Die lassen sich herrlich zum Pritscheln nutzen (Wasserspielmöglichkeit). Abenteurer aufgepasst, sonst habt ihr schnell den Weg verpasst. Denn bereits nach wenigen Metern führt ein breiter Trampelpfad rechts in den Wald.

Auch wenn er nicht rollstuhlgeeignet ist, so kann man den Weg mit etwas Geschick und großen, breiten Reifen auch mit einem geländegängigen Kinderwagen befahren.

Wem der Weg für seinen Wagen zu schmal und wurzelig ist, der kann dem Feldweg weiter folgen bis zur nächsten Kreuzung. Hier biegen wir nach rechts ab und kommen schon bald an die kleine Brücke nahe der Seeton-Burg, wo wir bestimmt auch bald wieder auf das Abenteurer-Team treffen, welches sich für den Waldpfad entschieden hatte.

Den Weg zurück finden wir ab der kleinen Brücke im Handumdrehen, da das Klaushäusl schon von Weitem sichtbar ist. Wer nach der Tour noch Energie hat, dem sei die Wanderung zum Grießenbach-Wasserfall oder ein Besuch im Museum Salz & Moor ans Herz gelegt.

1,7 km | flach | 25 Min.

Alles auf einen Blick

Tourencharakter
Entdeckerwanderung, flache Tour, schattig, am Anfang und am Ende sonnig
Extratipp 1: Tour zum Wasserfall, vorwiegend schattig, Strecke 2,2 km, Dauer 40 Min., Höhenunterschied 133 m mit stetiger Steigung, nicht kinderwagengeeignet, Kraxe erforderlich!
Extratipp 2: Museum Salz & Moor, indoor

Ausgangs-/Endpunkt
Parkplatz am Museum Salz & Moor
Klaushäusl 11
83224 Grassau
GPS: 47.785135, 12.426961 (Museum Salz & Moor, Parkplatz), 47.789287, 12.431156 (Aussichtsplattform Moorerlebnisweg), 47.783484, 12.416616 (Grießenbach-Wasserfall)

Anfahrt
Auto: Auf A 8 bis Ausfahrt 106 Bernau fahren. Weiter in Richtung Marquartstein/Grassau auf B 305 bis zum Ziel. Der Parkplatz am Museum Salz & Moor befindet sich kurz nach dem Ortsende von Rottau auf der rechten Seite.
Bus/Bahn: Von der Bushaltestelle Klaushäusl Museum Salz & Moor, Grassau (Buslinie 9505) sind es ca. 300 m bis zum Ausgangspunkt.

Öffnungszeiten
Ganzjährig geöffnet

Beste Zeit
Juni bis August, Erkundungstour zur Seeton-Burg sowie Ausblick aber auch bei geringer Schneedecke einen Ausflug wert

Einkehr
Unterwegs keine

Ausrüstung
wasserfeste Wanderschuhe, geländegängiger Kinderwagen; Ersatzkleidung, Handtuch; ggf. Kraxe

Information
grassau.de/tourist-information
Für Museumsbesuch Salz & Moor bitte die jährliche Winterpause beachten.

»Lerne von der Geschwindigkeit der Natur: Ihr Geheimnis ist GEDULD.«
RALPH WALDO EMERSON

ABENTEUER 20

Baden im Herzen der Alpen

Der Tag erwacht, die Sonne lacht. Ruhe liegt über dem See im Reich des »Grüffelo«, als plötzlich ein lautes Gerumpel und Gepolter zu hören ist.

FFFT ...
RUMPS ...
Schepper ... KRACH ...

Lachen erfüllt die morgendliche Bergluft.

»Was ist denn hier los?«, fragt Gerti Gute-Nudel noch ganz verschlafen. »Was hier los ist, willst du wissen?! Na komm, sieh selbst.« – »Wir sind angekommen!« – »Hano Holzbein lädt schon aus ... Beeil dich, schnell!«– » Wir machen ein Wettrennen. Wer als Erster seine Schwimmsachen anhat, mit Sonnenmilch eingecremt ist und sein Handtuch auf der großen Wiese dort abgelegt hat, der hat gewonnen!«, rufen ihr Leutnant Levi, Biber Beppi und Großmutter Frida fast gleichzeitig entgegen.

Na, das lässt Gerti sich nicht zweimal sagen. Eins, zwei, drei ... schon ist sie mit dabei. Sie hüpft flink wie ein Reh in ihren gestreiften Badeanzug und eilt zur Sonnenmilch, die neben dem Steuerrad steht.

Ein Gewusel, ein Geplapper, ein Geschepper – das könnt ihr euch nicht vorstellen. Alle laufen wie wild gewordene Ameisen durcheinander. Aber, letztendlich sind alle Biber schnell fertig. Die letzten Handtücher fliegen nahezu gleichzeitig auf die Picknickdecke neben dem großen Baum.

Ein Tag voller Abenteuer kann beginnen. Biber Beppi stürmt voraus. Als Erster erreicht er die erfrischende Dusche am See. Schon bald trifft die

Jeder Tag am Wasser ist ein guter Tag!

Glück ist nass ... was für ein Spaß!

Badevergnügen im Herzen der Berge.

ganze Meute dort ein. Abgefrischt und gut gelaunt erobert die Biber-Bande das Gelände.

Biber Beppi plantscht ungestüm zwischen den großen Felsen und versucht einen der kleinen Fische dort mit der bloßen Hand zu fangen. Leutnant Levi hingegen läuft mit Schiffsmaus Lino zur großen Wasserrutsche.

Levi setzt Lino auf seine Schulter, und schon klettert er die hohen Sprossen hinauf. Die kleine Maus kann es kaum erwarten. Oben angekommen, hopst sie sofort von der Schulter und verschafft sich einen ersten Überblick über den See. »Leute! Ihr badet in einem Herz aus Wasser. Das ist ja phänomenal ... Wow!«, ruft sie zu den anderen hinab.

Das ist wahrlich ein Ort, an dem für jeden etwas dabei ist. Gerti Gute-Nudel zieht ihre Bahnen im See. Großmutter Frida sonnt sich auf der Liegewiese. Großvater Pino gönnt sich eine zünftige Brotzeit und ein kühles Bier.

Wer findet den Grüffelo?

Hano Holzbein stürmt auf den Holzsteg und springt mit einem großen Platschen ins kühle Nass.

Wollt ihr mit zum Herz der Alpen? Dann ... aus der Bahn, ihr Ungeheuer, jetzt geht's los ins Abenteuer! »

BADEN IM HERZEN DER ALPEN

20

Ein Badevergnügen im Schoß der Berge

Im Abenteuer 20 erwartet euch eine Auszeit im Schoß der Alpen. Ein Idyll, wie wir es sonst nur aus Märchen kennen. Frische Luft, ein durch Quellwasser gespeister Stausee und eine rasante Fahrt auf der Wasserrutsche warten auf euch.

Der Wössener See ist vor den Touristenmassen des Chiemgaus bisher gut verborgen geblieben. Der künstlich angelegte Stausee zählt zu den Geheimtipps der Einheimischen. Obgleich sich der idyllisch gelegene See im Privatbesitz befindet, ist hier Baden und am Ufer flanieren ausdrücklich erlaubt. Dank gebührt hierfür der Gemeinde Unterwössen, welche das Gelände zum Wohl der Allgemeinheit gepachtet hat.

Der Badesee »Herz der Alpen« ist ein traumhafter Ort, an dem alles möglich scheint. Hier am »See des Grüffelo« ist Plantschen, Rutschen und im Wasser Toben erwünscht. Der breite Holzsteg lädt zum Sprung ins kühle Nass ein und auf der Liegewiese wartet der Sandkasten auf tatkräftige Handwerkerhände.

Der See ist in verschiedene Nutzungszonen gegliedert. Während die natürlichen Seeeinstiege auf der Ostseite nur geübten Schwimmern vorbehalten sind, findet man auf der Westseite, im Freibadgelände, auch einen mit Findlingen abgetrennten Kleinkindbereich, bei dem der See eine flache Uferzone ausprägt. Direkt angrenzend können sich größere Kinder an der rasanten Fahrt auf der Wasserrutsche erfreuen. Doch auch an stürmische Teenager wurde hier gedacht.

Der nahe gelegene breite Holzsteg lädt nicht nur zum Springen ein, sondern bietet auch einen schnellen Ein- und Ausstieg aus dem Schwimmerbereich. Das klare Wasser des Wössener Sees lädt Jung und Alt zum Tauchen und Fische beobachten ein.

An warmen Tagen kann man herrlich auf der schönen Liegewiese entspannen. Die perfekte Ausrichtung der Badewiese gen Westen lässt dort Sonnenanbetern noch bis in die späten Abendstunden ihr Vergnügen.

Nach einer ausgedehnten Erfrischung im kühlen Wasser des Wössener Sees lockt das Seestüberl mit leckeren Kuchen,

Ist das
der Professore,
Mama?

heißem Kaffee sowie kalten Getränken. Hungrigen Süßwassermatrosen sei der Knusper-Burger empfohlen. Wer den Tag bei einem gemütlichen Abendessen im Seestüberl ausklingen lassen möchte, dem sei eine Reservierung, ein paar Stunden zuvor, durchaus ans Herz gelegt, da die Sonnenterrasse aufgrund des traumhaften Sonnenuntergangpanoramas in den Abendstunden schnell ausgebucht ist. Die öffentlichen Toiletten befinden sich auf der Rückseite des Gastronomiegebäudes.

EXTRA-TIPP

Am See des Grüffelo

Ein Besuch beim »Professore del Lago« und seinen Freunden, dem »Grüffelo« und dem »Kasperl« ist bei jeder Jahreszeit einen Spaziergang wert. Hierfür starten wir unsere Tour am öffentlichen Parkplatz des Freibadgeländes des Wössener Sees. Wir laufen auf der Seestraße gen Süden (in die Richtung, aus der wir mit dem Auto gekommen sind). So ist es am leichtesten, die gegebenenfalls entgegenkommenden Fahrzeuge (Einbahnstraße) schnell zu erkennen. Bereits nach kurzer Zeit erreichen wir die untere Spitze vom »Herz der Alpen« (des Wössener Sees). Hier führt rechts ein schmaler Fußweg über eine kleine Brücke, die mit dem Kinderwagen sehr gut zu befahren ist. Dort finden wir nach wenigen Metern eine Schautafel über die Entstehung des Wössener Sees. Ab hier können wir den Kindern mehr Freiraum lassen. Mal sehen, wer von den wilden Süßwassermatrosen als Erster den »Professore del Lago« und seine Freunde findet. Wäre das nicht eine schöne Gelegenheit, dass Papa bei einem ausgiebigen Picknick eine seiner Fantasiegeschichten erzählt ...?

Auf dem idyllischen Fußweg haben wir eine herrliche Sicht über den See und auf die umliegenden Gipfel – ein schöner Ort für ein Erinnerungsfoto. Wir folgen dem Uferweg stetig um das »Herz der Alpen« herum.

Nicht lange, und schon haben wir unseren Ausgangspunkt wieder erreicht. Und um einen herrlichen Tag perfekt zu machen, genießen wir die warmen Sonnenstrahlen auf der Sonnenterrasse des Seestüberls am Wössener See.

Nun aber los, ihr Süßwasserpiraten – viel Erfolg bei der Suche nach dem »Grüffelo«!

QUIZFRAGEN:

Wahrheit oder doch nur Seemannsgarn?

	richtig	falsch
a) Der Wössener See ist ein Naturbadesee.	○	○
b) Der Wössener See ist ein Gletschersee.	○	○
c) Der Wössner See wurde erst 1931/32 von Menschenhand erbaut.	○	○
d) Der Wössener See ist herzförmig.	○	○
e) Der Wössener See trägt ein Geheimnis in sich – dort gibt es eine unterirdische Höhle.	○	○

Hinweis zur Anfahrt: Die Seestraße um den Wössener See ist eine **Einbahnstraße**, welche einmal rund um den Stausee führt. **Wendemöglichkeiten sind dort nicht vorgesehen.** Aufgrund der direkten Lage der Straße am Ufer, der engen Kurven und des dichten Baumbewuchses der vom See abgewandten Straßenseite ist eine direkte Anfahrt zum See mit größeren Fahrzeugen, wie zum Beispiel Wohnmobilen oder Fahrzeugen mit Überlänge, nicht zu empfehlen. Bitte wendet euch in diesem Fall an das Tourismusbüro Unterwössen, welches euch gerne Optionen für Stellplatzmöglichkeiten aufzeigt. Achtet stets darauf, dass die Fahrbahn frei bleibt, da die Seestraße die einzige Zu- und Abfahrtsmöglichkeit aller Besucher sowie der Rettungskräfte darstellt.

0,2 km | flach | 5 Min.

Alles auf einen Blick

Tourencharakter
Badestrand, sonnig mit Schatten
Extratipp: sonnig, flache Tour, Strecke 1 km, Dauer 15 Min.

Ausgangs-/Endpunkt
Freibadgelände am Wössener See
Hacklau 2
83246 Unterwössen
GPS: 47.726777, 12.473312

Anfahrt
Auto: Auf A 8 bis Ausfahrt 106 Bernau fahren. Weiter auf B 305 durch Marquartstein und Unterwössen hindurch bis zum Seeweg (Einbahnstraße) in Unterwössen.

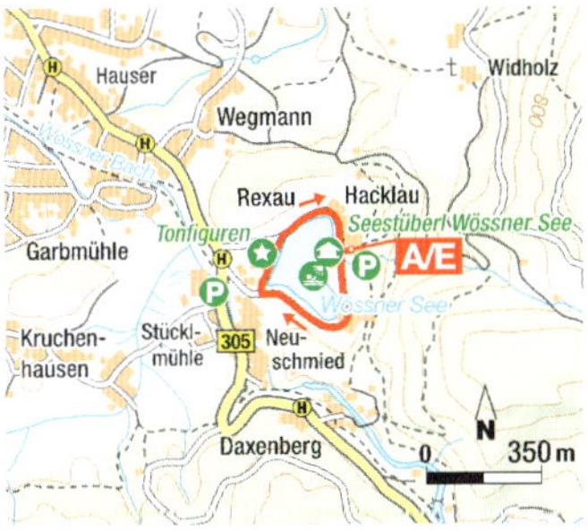

Bus/Bahn: Von der Bushaltestelle Kruchenhausen/Wössener See, Unterwössen (Buslinie 9505) sind es ca. 500 m bis zum Ausgangspunkt.

Öffnungszeiten
Ganzjährig geöffnet

Beste Zeit
Juni bis August

Einkehr
Kiosk am Badeplatz bei schönem Wetter im Sommer geöffnet

Ausrüstung
Badesachen mit Schwimmhilfen, Picknickdecke, Handtücher; Sand- und Wasserspielzeug (Bagger, Schaufeln, Sandförmchen etc.); ggf. Schnorchel und Flossen zum Fische beobachten, SUP, Ball, Kartenspiele o. Ä.

Information
achental.com

Eltern-Tipp

Kinderbuch »Der Grüffelo« in der Bücherei ausleihen und am See vorlesen. Anschließend bei einem Spaziergang um den See den »Professore del Lago« und seinen Freund den »Grüffelo« suchen.

Abspann & Dank

Wir hoffen, euch haben die Abenteuer in diesem Buch ebenso viel Freude bereitet wie uns und ihr tragt nun viele unvergessliche Erinnerungen in eurem Herzen.

Selbstverständlich haben wir uns Mühe gegeben, dass sich beim Schreiben keine Fehler oder Ungenauigkeiten einschleichen. Aber falls euch etwas auffällt, freuen wir uns über eure Rückmeldung. Solltet ihr vielleicht Vorschläge für das nächste Buch oder Verbesserungsvorschläge für eine der Touren haben, so könnt ihr uns diese gerne über den Verlag zukommen lassen.

Wir können euch nur ermutigen: Geht mit euren Kindern in die Natur, erklärt ihnen die Wunder dieser Welt und entdeckt gemeinsam die schönsten Orte direkt vor eurer Haustür. Denn das nächste Abenteuer ist bestimmt nur eine Auto- oder Bahnfahrt entfernt.

Traut euch und lasst die Kinder so viel wie möglich selbst laufen. Sie entdecken dabei ganz eigene Wege und den Zauber der Natur. Oft können wir dabei von ihnen lernen, die Langsamkeit zu genießen und die Wunder dieser Erde wieder neu für uns zu entdecken. Denn mal Hand aufs Herz: Wann habt ihr das letzte Mal zugesehen, wie eine Schnecke einen Klimmzug über einen Grashalm macht?! Ist wahrscheinlich lange her – kann aber wirklich spannend sein, wenn man sich darauf einlässt. Wenn die Situation es zulässt, überlasst doch mal den Kindern die Wahl des Weges und des Tempos – ihr werdet vielleicht überrascht sein, welche Schätze eure Kinder für euch entdecken. Die Welt steckt voller Zauber, wenn ihr die Natur durch Kinderaugen seht!

Unser Dank gilt in erster Linie unseren Kindern, die uns immer inspiriert haben auf Schatzsuche und Entdeckungsreise vor unserer Haustür zu gehen. Ohne sie wäre diese wunderbare Schatzkarte nie entstanden. Des Weiteren danken wir von Herzen allen, die uns mit guten Tipps und Vorschlägen unterstützt haben und all den lieben Menschen, die mit uns die Ausflüge in unvergessliche Abenteuer verwandelt haben.

Immer wieder haben sie uns die Augen geöffnet für Wege, die wir als Erwachsene alleine wohl nie gegangen wären und für den Zauber, der in all den vielen kleinen Ecken der Natur auf uns wartet. Dank ihnen haben wir den Weg zur Entschleunigung gefunden, für den andere in ein Yoga-Resort ans andere Ende der Welt fliegen.

Danke an alle, die uns geholfen haben, in diese neue Welt einzutauchen und uns zu wahren Schatzsuchern ausgebildet haben.

Eure abenteuerlustige Autorin,

Linea Funke

Register

Impressum

Verantwortlich: Sabine Klingan, Julia Bobinger
Redaktion: Christian Schneider
Cover: Mathias Frisch
Umschlaggestaltung, Layoutgestaltung und Layout: Anna Lena Ibiş
Repro: LUDWIG:media
Korrektorat: Christiane Gsänger
Kartografie: Heidi Schmalfuß
Herstellung: Bettina Schippel
Printed in Poland by CGS Printing

★ ★ ★ ★ ★

Sind Sie mit diesem Titel zufrieden? Dann würden wir uns über Ihre Weiterempfehlung freuen. Erzählen Sie es im Freundeskreis, berichten Sie Ihrem Buchhändler oder bewerten Sie bei Onlinekauf. Und wenn Sie Kritik, Korrekturen, Aktualisierungen haben, freuen wir uns über Ihre Nachricht an J. Berg Verlag c/o Bruckmann Verlag, Postfach 40 02 09, D-80702 München oder per E-Mail an *lektorat@verlagshaus.de.*

Unser komplettes Programm finden Sie unter: www.j-berg-verlag.de

In diesem Buch wird aus Gründen der besseren Lesbarkeit das generische Maskulinum verwendet. Weibliche und anderweitige Geschlechtsidentitäten werden dabei ausdrücklich mitgemeint, sofern es für die Aussage erforderlich ist.

Bildnachweis
Alle Bilder im Innenteil stammen von der Autorin.
Umschlagvorderseite: Piraten-Spaß am Flussufer (Shutterstock/FamVeld)
Umschlagrückseite: Die Biber-Bande kapert das Piratenschiff »Black Pearl« am Abenteuerspielplatz Königsdorferstraße in Bad Tölz. (Abenteuer 6, s. Extratipp, S. 48)
Illustrationen: Biber-Bande: Franziska Gumpp; die weiteren Illustrationen stammen von: Shutterstock, Inc./aksol, Alex_Zakharov, alex74, Alexandra Romanova, Alfmaler, ALIAKSANDRA LITVINSKAYA, Aluna1, AlyonaZhitnaya, Arif_Vector, Arthur Balitskii, ArtMari, Aryan Veda, B.illustrations, brgfx, BRO.vector, bsd studio, Danussa, Daria_Art, Designer things, Dn Br, Evgeny Bornyakov, garagestock, GraphicsRF.com (2), IR Stone, Istry Istry, IvanDbajo, JosepPerianes, kovalto1, LadadikArt, LesinkaVector, Luis Line, Marina Baskakova, mentalmind, miss Julie, Mountain Brothers, nataka, Natalia Sadykova art, Net Vector, nikagraphic, Nom de plume, NotionPic, Onica Alexandru Sergiu, Pavel Talashov, PlutusART, Reytr, Roi and Roi, SlayStorm, SofiaV, SpicyTruffel, Tanya Deetz, Teguh Mujiono, VectorVicePhoto, Vorobiov Oleksii 8, White Space Illustrations, wirakorn deelert, YG Studio, YUCALORA

Die Deutsche Nationalbibliothek verzeichnet diese Publikation in der Deutschen Nationalbibliografie; detaillierte bibliografische Daten sind im Internet über http://dnb.d-nb.de abrufbar.

Infanteriestraße 11a
80797 München

ISBN 978-3-86246-939-0